運命を変える「石」の処方箋

yuji

KADOKAWA

―星と石―

この本を手に取ってくださりありがとうございます。
私、東京、渋谷で星読みをしておりますyujiと申します。

私のことを初めて知りましたという方、はじめまして、こんにちは！
私のことを知っているよという方、いつもありがとうございます！

最初に申し上げた通り、私は永らく星を読んでいます。
西洋占星術をベースに、星を使って世界の流れを読み解く星の翻訳家となることもありますし、クライアント様たちの人生・運命を読み、もっと人生を能動的に生きていくための気づきをもたらすセッションワークを行ったりもしています。

ドラマや映画、漫画等を見ていると、「あの人は○○の星のもとに生まれているから」等という言葉を目にすることがあります。
この表現は言い得て妙というか〝まさにだな！〟と私は常々思っているのですが、人は誰しも〝特別な星〟のもとに生まれています。

私・あなた・彼・彼女しか持っていないたった一つの運命。

他の誰も代役が不可能、取って代わることのないオンリーワンの輝き。

信じられないかもしれませんが、そういうものを誰もが持っているのです。

そしてその命の輝かせ方は、あなたの誕生日をもとに作成した星のチャートがしっかりと余すことなく伝えてくれます。


「あなたがどんな星のもとに生まれているのか」

それを伝えていくと多くの場合、人は〝天〟に意識を向け始めます。

私はああして輝くことができるのだ！

私の宿命は斯《か》くも壮大でまるで映画の主人公のような人生をおくるために生を受けたのだ！と。

大空に描かれたまるでドラマのような物語に目をキラキラさせたり、少年・少女の頃に戻ったようなすっきりとした表情を取り戻し、長年の憑き物が落ちたかモヤが晴れたような面持ちで事務所を後にするクライアントたちを見て、もうこれで人生に失望することも先が見えなくて闇落ちすることもなくなるだろうな等と思っていました。


…ですが、数ヶ月、長い方ですと数年後またお会いすると、以前と同じ悩みを抱えていたり、同じところでつまずいていたり…ということが相次いだのです。

そこで私はあることに気づきました。
星とはナビであり地図のようなものではあるけれど、実社会で現実を動かしていくにはやはり"天"だけでは不十分で、現実世界のパワーチャージを行うサプリメント、エナジーソースのような"地"のようなものも補完してあげる必要があるのかもしれない、と。

実際の航海を想像するとわかりやすいのですが、詳細な海図や優秀な航海士がいたとしても、船を動かしていくためには、パワフルにオールを漕ぎ続ける力であったり、外海に漕ぎ出していく胆力や勇気だったり、もしくは他の漕ぎ手と息を合わせていくためのコミュニケーション力や人間力といったものがどうにも不可欠です。

私は空に輝く星を見て、ほらあなたはあんなにも輝くことができるよ、あなたの一等星はこんなにも素敵な星なんだよとあの手この手で"あなたという星"について語りますが、それによって星・自分の宿命についてのロマンや情熱がかき立てられたとしても、今乗っている船に漕ぎ手がいなかったり、船体が傷ついていたりすれば、遠洋に旅立つとかはるか彼方の島を目指そう！等というのは夢物語でしかありません。

そこで目をつけたのが、そういった"欠け・不足部分"を補填するサプリ的な要素を持っていて、強いエネルギーを有している大地の結晶、天然石です。

天然石はそのほとんどが数千年、数万年という長い年月を地球と共に在ったいわば地球のかけらのようなもの。いうなれば〝地のサプリメント〟ともいえるもので、そしてその数百種類ものバリエーションはものの見事に人々が抱えるあらゆるタイプの〝詰まり・淀み・想念〟に適用が可能という優れたものでもあります。

ちなみに法律で処方が許された漢方薬は294種あるとされていますが（日本の場合）、石はそれよりもはるかに多くの種類があるから驚きです。

そのため、人が抱えると言われる108の煩悩や、仏教でいうところの四苦八苦（愛別離苦《あいべつりく》・怨憎会苦《おんぞうえく》・求不得苦《ぐふとくく》・五蘊盛苦《ごうんじょうく》）にも細かく対応し、それらを軽減したり、時には煩悩や〝苦〟の概念を解脱する等のパワーを発揮してくれたりもするでしょう。

そんな優れた効果、多種多様のパワーをもつ石ですが、よくよく考えてみれば古代より石は私たちの生活と共にありました。

古代においては武器や刃物として、また、儀式や祭礼の際に巨大な磐座《いわくら》を囲み、神託が下されたこともあったはずです。海外の巨石群、例えばストーンヘンジ等を見るまでもなく、阿蘇、弥山《みせん》、亀岡や新宮にも神がかった磐座があることから、古代から人類と鉱物の間にはただの道具以上のなにやら特別な関係があったのではと推察することができます。

もう少し近代では住まい、お城、神殿等の建材として私たちの生活を便利に強固にするのに欠かせない素材として活躍！石畳、石垣、庭石、灯篭、手水鉢等にも用いられていますし、また、加工技術が進み、貴族や王族が用いる儀礼の宝飾品としても用いられて権威性のシンボルとなったことで、特に西洋諸国でジュエラーが繁栄。現代に至るまで〝権利や富や幸せの象徴〟といえるところまで石自体のイメージが引き上げられたりもしました。

また、鉱物という括りであれば、今私がこの本を書くために使っているパソコンもボディはアルミニウムでできており、アルミニウムもボーキサイトから抽出されますから、広義で言うとこの原稿も鉱物の助けによってできたものということができようかと思います。

石の処方まで話を戻しますが、いつしか私はその人の星を見て天の道しるべを伝えると同時に、石の処方をするようになりました。

とはいえ、パートナーが欲しい方に恋愛運を高めるパワーがあるとされる石を出すといった教科書的な処方は皆無。出し方は無限で型等一切なく、まさにケースバイケースで人によって出す石がまるで異なりました。

例えば、恋人が欲しいというあるお嬢さんには〝恋愛運が上がる石〟ではなく、その人の心の内にある恋愛に対する恐れや対人恐怖症的なマインドを解消する石を出したりとか、財運強化したいある経営者には支出も含め、流れがよくなるような石を処方したりだとか、はたまた〝健康運〟を上げたいというある方には生来色々な波動をもらいやすい体質を改善するような〝もらいにくい体質にする〟石を出したりとか…。

本当に色々な〝大地のサプリ〟をお渡ししてきたのです。

運とは〝運ぶ〟と書くように、動かして初めて廻り始めるもの。

知っただけでは、腹に落とし込んだだけではまだまだ不十分なのです。そのため知を行動に落とし込むエネルギーが必要なのですが、石を処方していくと本当にエネルギーが動き、持ち主の行動・マインドセットも動き始めることが10年以上の処方を通じて確信へと変わりました。

石の波動が人に伝導し、内外から人を変えていく。

それが大地からの贈り物、天然石の真のパワーなのだ、と。

星と石。

天の羅針盤のナビゲーション力と地の基盤整備のエネルギー。それら二つが揃うことで人は開運の扉を開くことができます。

この本は今まで私が処方してきた石たち全てとはいきませんが、代表的な71種類に厳選し、それぞれの石の波動や石の素性といったことについて語り尽くしたものです。

また、石の特徴についてもできるだけ"その石の個体特性"を現代風な、データベース的にまとめることはせずに、石の味、風味、石の性格のようなものをもっと身近に感じてもらえるように書き上げました。

そのため右脳的な文章になっていますが、結果、石の波動やそれぞれの個性が伝わりやすいのではと思っていますし、少なくともそれぞれの石の持つ"キャラクター性のようなもの"は感じていただけるのではないでしょうか。

加えて、星の専門家として星を使って最適な石がどれなのかを導き出す手法「星×石の処方箋」を記載しています。個人セッションとは異なる書籍のため、個々の悩みにダイレクトにヒットするパーソナライズされた処方を出すことはかないませんが、「星×石の処方箋」を使えば自分にとって最適な石のアタリを見つけたり、自分の魂の課題に寄り添ってくれる1石を見つけていただけるはずです。

石や星と親しくなって天地和合して生きていくための導きの書をつくることがこの本を書く上で最も大切にしたベースコンセプトですが、サステナビリティやソーシャルアクティビティが全盛となっている昨今の時代性に鑑みても、地球意識を取り戻し、アースピープルとして真に天地に根っこを張って生きていくのがこの令和の時代の基本的アティチュードであると思いますので、奇遇にも、そして恐縮ではありますが、この本は今の地球を流れる時流にぴったりと乗っているとはいえないでしょうか。

この本が目には見えないけれど大事なことを思い出すきっかけとなったり、地球ともっと仲良くなるための一冊となったなら、また、石の世界に触れたことがない人にとっても、「なんだか面白そうだ、今度専門店に行ってみよう、石に触れてみよう！」等と、石の世界へと旅立つ最初の冒険の書となってくれたなら一星読みとして、著者として望外の喜びであります。

最後に、この本を読み進めていただく途中で、ある石のストーリーや個性に心がときめいたり、なんだか惹かれるというものが見つかったならば、その石があなたにとっての運命の石なのかもしれませんから、石熱が冷めないうちに、是非その石にコンタクトを取ることをお勧めします。

あなたとその石とが相思相愛になっていく…。
この本がその二者を繋ぐ架け橋となりますように。

目次

石の索引

STAFF

装丁・本文デザイン：タキ加奈子、北英理香（soda design）
絵：Hiromi Iuchi　撮影：落合耕大　マネジメント：山﨑真理子
校正：鴎来堂　編集：長田和歌子

参考文献・WEBサイト

『最新版 天然石パワーストーン組み合わせバイブル』
（豊原匠志／河出書房新社）
『改訂版 パワーストーンコレクション 525』（豊原匠志／ブティック社）
4976堂 https://www.4976do.com/stone
天然石・パワーストーン意味辞典 https://www.ishi-imi.com/

第1章

石の個性を知る

Know the characteristics of stones

石というマテリア

この世界にはたくさんの石があります。

日本庭園等でみられる踏み石や、邸宅やラグジュアリーホテル等で使われている大理石、また歴史を遡ってみても、石器時代には槍やナイフ等も石でできていましたし、日本のお城の石垣、西洋では砦やお城は石造りでした。お墓にも石が用いられていますし、欧州には美しい石畳みの街並みを魅せてくれる街が無数にあります。

このように、石はその硬さや風雨に対する堅牢さ、取り扱いやすさ等により、はるか古の時代から、人の営みの中の至る所に登場し、歴史上、最も長く人類と共にあったマテリアの一つです。

狩りをするための槍や銛《もり》、また、肉や植物を切るナイフ。

故人を偲ぶための墓標にお城の城壁。

人間は木よりも硬くて変質しにくい石という素材を使って、獲物をとったり、調理をしたり、外敵から身を守ったりしてきましたが、こういった物質的なもののみが石の役割・特徴というわけではありません。

日本全土の色々なところに磐座や巨石信仰が残っていたりするように、石は高次の意識体・神様の依代《よりしろ》とされることもあります。

また、世界各地に現存するストーンサークルや巨石群、そしておそらくピラミッドもそうかもしれませんが、そういった場所は宇宙意識との交信場所であったとも言われています。

石・岩、つまり、鉱物は古の時代より、"神を宿すもの"として大切にされていたマテリアであり、神殿や祭祀・儀礼に用いられる聖域には依代として石が用いられたり、また、司祭や王族等、祭祀を取り仕切るものが鉱物でできた装飾具を身につけていたりもしていました。

実際、現代においても多くの場合、皇族・王族の方々は宝石がちりばめられた儀礼用の王冠やペンダントやリング等を身につけられることがあるように、その〝石の力を借りる〟様式・伝統・文化は其処ここに残っているのです。

そしてそういった〝石の力を借りる〟伝統は決してやんごとなき身分の方たちのみが許された専売特許というわけではなく、私たち一般民衆の生活の中にも見出すことができます。

例えば、身近なところでいうと、結婚したら指輪をはめることであるとか、そしてそれが左手の薬指であることとか、葬儀の際の装飾品はパールのネックレスを身につけるということとか、洋風の結婚式においては花嫁はティアラを被るであるとか。また、仏式の祭事においては御数珠をはめますが、その素材は水晶や孔雀石、はたまた虎目石、黒曜石等、天然石でできたものもあり(菩提樹・白檀等の木製のものも)、鉱物を身につけるシチュエーションは多々存在しているのです。

また、私たちは記念日やご褒美に宝石を求めたり、勝負時には相応のアクセサリを身につけたりする等して何気なく石の力を求めたり、使ったりもしています。

鉱物のもつ見えない力を拝借するということは、きっとはるか昔から人々の意識下に浸透しているからこそ、誰に習ったわけでもないのに、幼児・子供までもが石の魅力に引きつけられ、相応の年齢になると石を欲してみたり、また、河原や山等で気に入る石を見つけて持ち帰ったりするのではないでしょうか。

上記の理由から、石と人間の関係には非常に複雑で深いものがあると言えます。

特に信仰の分野においてはそれが顕著で、数百年単位、もしかするともっと昔から、"石の力を味方につけること"="神様とか高次のパワーを得ること"といったことが、何代にも、いや、何十代にもわたって、私たちのDNAに組み込まれているのでは等と、感じられたりもするのです。

石の力を正しく身につけること

前項では、石の力を人々は借りていた、石が高次のエネルギーとのパイプになったり、エネルギーポッドのようになっていて、それを古来、人類はうまく使っていたのでは？ということをお伝えしました。

地産地消とは若干ニュアンスが異なるかもしれないけれど、昔はその土地にあった石や磐座からエネルギーをチャージするだけで良かったのかもしれないのですが、今は時代が異なり、昔と違って物流や市場が発展しているので、地球の裏側から採れた石を手に入れ、身につけることができます。

ことと日本や先進諸国に住んでいると世界中から届く、ありとあらゆる石やそれらを使ったアクセサリを選ぶことができたりもするのです。

そのため、当時とはまた異なる、いうなれば人類の進化に合わせてより発展させた石リテラシーが石を身につける際に求められるであろうことは想像に難くありません。

また、そういった知識やノウハウを身につけておくことでより高い精度で石を使いこなし、石の力を効率よく借りることもかなうでしょう。

つまり、拡大解釈をするならば、大地の一部、地球の1ピースでもある石たちと相思相愛になるには、"石たちのことをもっと知らなければならない"はずなのです。

これは恋愛でも会社組織の中でも、また家族関係でも、どんな人間関係でも同様です。

意思疎通をうまくはかり、コミュニケーションを円滑にし、意気投合・相思相愛になるには、まずはお互いを知るところから始まります。

相手を観察したり、趣味嗜好を聞いてみたり、どんなことを考えているかを想像してみたりと、そういった地道なやりとりや観察等があるからこそ、お互いのことがよくわかり、仲が深まると思うのですがどうでしょうか。

そしてこのプロセス・セオリーは鉱物にも当てはまります。
名前が付けられている鉱物が地球上にはたくさんあります
が、それぞれが独自の特性や波動をもっています。

とにかく明るい気持ちにさせてくれる波動。
初志貫徹の波動。
自信を回復させてくれるような、自愛のマインドが高まる
波動。
ビリビリと、血流をめぐらせるような波動。

・・・

石によって感じられる波動は本当に様々で、100種あれば勿論100種の異なる波動があるのです。

ということは、漢方医が患者の様子を観察し、相に適したものを処方するように、石も持ち主の相や気質・気性に合ったものでなくてはならないと思うのです。

ワインと料理のマリアージュではないですが、石×人もマリアージュ次第で効果というか、感じられるものや影響が大

きく変わります。
ワインの世界にはソムリエという存在がいますが、野菜や水といった生鮮食品や飲料の世界にもそれぞれに野菜ソムリエ、アクアソムリエという存在がいるように、石もその多様さから、石ソムリエといった職があってもいいのでは？と思うほどに、マッチングがとても大切なマテリアでもあるのです。

-身につけていれば開運する！だってパワーストーンだから。
-財運アップしたいからこれを身につけていれば大丈夫！

ではなく、正しく石の知識をもって、なんなら、石の声を聞いて、彼らと相思相愛になるように少しだけでもいいので石の方に寄り添ってみる。

そうするだけで、きっと石たちはより力を貸してくれたりもするはずですし、また、私たち自身も”大いなるもの“と連結している気がして、最高のパフォーマンスを発揮できるようになるのではないでしょうか。

なぜなら、「石を味方につける＝地球を味方につける」だから。

さぁ、石の声を聞いて、大地とシンクロして、この地球というフィールドを最大限に楽しみ尽くしていきましょう！

Stone is a wonderful gift from the earth

第2章

石選びの極意

The secret of stone selection

石と触れ合う

地球の一部である、小さいけれど大きなパワーを持つ物質、鉱物。

その鉱物のパワーを感じたり、うまく取り入れていくには何をすればいいのでしょうか。

この項ではそういった「石との触れ合いかた」について解説したいと思います。

石と触れ合う〝石とのファーストコンタクト〟の瞬間を迎える前に念頭においていただきたいのは「過度な先入観をもたずにいる」ということ。

前章でもお伝えしましたが石にはそれぞれ個性があります。人に喩えるとわかりやすいのですが、県民性といわれるものがあったとしても、それはある意味、紋切り型の〝ステレオタイプ〟であって、人それぞれ、異なる個性をもっているのはもう誰もが首を縦に振るはず。

また、これは極端な例かもしれませんが、特定の会社や人や商品等に対して事前にネガティブなコメント・アドバイスを得ていた場合、どうしてもその印象バイアスがかかってしまったりして正確な判断ができなくなるなんていうことも人の世あるあるではないでしょうか。

石の世界もある意味、人間界と似ていて、勿論ラピスラズリならラピスラズリの、ムーンストーンならムーンストーンの波動がありますから、大まかな特徴や特性は石辞典のようなものに明記・表現されています。とはいえ、なかにはそういった”一般的な解説“には当てはまらない、ユニークで強い個性をもつ石もあり、そういうものを見つけたり、感じたりすることも石の世界の謎でもあり、また、楽しみの一つでもありますから、是非、先入観や決めつけをもたずにフラットに触れていただければと思っています。

さて、次のステップでは実際に石に触れていくわけですが、極論を申し上げると、特段、”どうやって触れればいいか“、”触り方のお作法“といったものがあるわけではありません。

勿論お店で石に触れる場合は商品を傷つけないように丁寧に扱うとか、宝石の場合はとりわけ扱いに気を付けるというのは常識であり、マナーかと思いますから特にそういったところには触れませんが、石については実は〝触れ方・ひいては感じ方のコツ〟というものがあるので、それをここではご紹介していきます。

「石の波動の感じかた」なんて書いてしまうとだいぶ怪しく聞こえがちですが、特殊な修行を積んだ人とかシャーマンとか巫女さんとか霊能者とかそういう人たちしか石の波動がわからないなんていうことはなく、石に触れることができる方はもれなく全員が石の声やバイブスを聞くことができます。

石の味見の方法ですが、まず、掌を上にして机の上に置きます。

この時に完全に脱力してだらりとしておくことがコツです。そして、掌の上に石をのせてみます。

ちなみにリングでもルース（裸石）でもクラスター（原石）でもなんでも（重すぎる・大きすぎるもの以外は）このやり

方で味見をすることが可能です。

石を置いて数秒。

石を掌に置いたまま20、30秒とか、ただ静かに石に意識を集中させてみてください。

慣れるまではもう少し時間がかかるかもしれません。

そうすると石と触れている所を中心に手があったかくなってきたり、頭の方がムズムズしてきたり、咳が出たり、血管がピクピクしたり、チリチリ感じたり、石が動いているような、脈動しているような感じを受けたりする等、色々な体感が得られると思いますが、これが石の波動であり、石のもつエネルギーです。また、この石からのリアクションこそが石とあなたが共鳴、共振した証だといえるでしょう。


ここで注意したいのは、石の波動の感じ方にも個体差があるということ。

石選びは漢方薬の処方並みにパーソナライズされてしかるべきものですから、ある人は気持ちよく感じられた石でも別のある人にも良い作用があるとは限りません。

そのため、かならず自分自身で味見をする等、体感覚チェックをしてみたり、信頼がおける人に石の見立てをお願いする等して、"選ばれた個体"を身につけるとよいでしょう。

また、石に対する感受性を鍛えるには石を変えて色々と味見をしてみるのが最良のトレーニング方法であるといえます。河原の石でも宝石でもパワーストーンといわれるものでもなんでも構いません。色々な石の味見を繰り返すことによって、自分好みの石の傾向がわかったり、自分の調子が上がる波動といったものが見えてくるのではないでしょうか。

そのほか、これは中級者以上向けとなりますが、ブレスレットであれば1個の石を、リングであれば石の部分だけを触るようにすると、"リング全体やブレスレット全体"の波動ではなく、個々の波動を感じることができます。

たとえ同じ種類の石でも個体ごとに微妙に波動が異なるのが石の面白いところであるというのは前述の通り。

水晶でもブラジル産とミャンマー産と日本産とヒマラヤ産でだいぶ波動は異なります。これは私たちの身近にある事象でいうと、同じレタスでも生産者や産地によって味が違うというのと同じことです。

更に加えると石も産地のみならず、加工者・カットの種類等でまた波動が変わります。これも食品で喩えるならば、お魚は漁場／下処理の仕方、季節（旬であるかどうか）によって味が異なりますが、それと同じようなものだと思えば理解していただきやすいかと思います。

余談ですが、石の味見に慣れてくると、石以外の物質、磁場等の振動・バイブス・波動を観察・体感するセンサーの感度も高くなりますから、この食べ物が相性がいいとかこの土地の波動が好き！といった風に、実生活の中でも波動チェックができるようになる等、波動の味見を色々なところに適用して、日々の生活のＱＯＬ（quality of life）が上がっていくのではと思います。

自分にぴったりの石／運命の石と出会うには

石と慣れ親しんで、石の波動が感じられるようになったら、
次は"自分にぴったりの石"と出合いたくなるもの。

この石は**ビリビリ**する。

あの石は**スーッ**とする。

この石は**体温が上がる**感じがする。

等々、石を触ってその体感を楽しめるようになってくると、
あれもこれもと欲しくなったりするものです。

とはいえ、"自分に合わない"ものを買ってしまったり、手
に入れるのは、宝のもち腐れならぬ、宝石の持ち腐れ。

せっかくですので、自分にフィットする波動をもつ石を手

に入れ、その時々に合わせて使い分ける等したいものです。

ここでは自分に必要な石を見分ける方法をお伝えしていきます。

比較的簡単に試せるものから占星術的な星の叡智を使ったものまでいくつかご紹介しますので、是非自分に合った方法で石を選んでみてください。

If you meet the stone of destiny, the path will open

◆01◆　石と惹かれ合う（一目惚れ）の関係

いわゆる一目惚れ。

石と目があった気がする。

石に呼ばれた。

等とよく形容されるものですが、これは一番わかりやすい石とのマッチング方法かと思います。専門店に行ってみたらその子から目が離せなくなったとか、他の石はどうでもよくてその子にずっと触れていたくなったとか、とにかく最初から相思相愛の関係。それがこの一目惚れの出会い・ご縁です。

なんとなくこの子かな～ではなくて、もうこの子しかいない！と最初から確信めいているのが特徴です。ちょっとでも迷ったらそれは〝惹かれ合っている〟わけではないのでお気をつけを。

◆02◆ 波動マッチングで試していく

テクノロジーが進化した近年は、量子等をチェックして人と対象物との相性を波動で測ることも可能になっています。メタトロン※1、バイオレゾナンス※2、イメディス※3等、費用はかかりますがメディカルチェックを兼ねて石との相性を見てもらうこともできるのではないでしょうか。

また、O《オー》リングテストに代表されるキネシオロジー等の筋肉反射測定を使って人力で調べるということもメジャーな方法の一つです。

そして、最大の醍醐味は、自分で"味見"をしてみるという方法です。掌にのせてみて、または身につけてみて、実際どう感じるか。

どのように自分の体が反応し、自分の気持ちがどのように変わるのか。自分と石との相性を身をもって体験することで気持ち良さとか体感をリアルに判断することができるので、もし石に触れる環境がある方であれば、是非このやり方で石との対話を試みていただければと思います。

※1体の中の振動の乱れを測定する機器　※2振動を利用した健康法　※3共鳴療法

◆03◆ 石の見立てのプロに頼む

石の世界には色々なプロがいます。採掘、加工、デザイン、宝石鑑定士、そして石の小売店まで、地球から掘り起こしてくるところから考えると、卸売とか輸送とか実に多くの人たちの手を経由して、私たちのもとに石たちは届けられるのです。

そして石の小売店にも色々あり、アクセサリデザイナー用に石・パーツを販売しているお店もあれば、珍しいクラスターやルースを扱っている鉱物愛好家の人たち御用達のお店もあります。そして、いわゆるパワーストーンや開運アイテム、スピリチュアルグッズ等を扱うショップ・鑑定士の中には、顧客にぴったりのものをセレクトしてくれるお店やプロフェッショナルも存在しています。自分で正解を選べない場合は、勿論、彼らの門を叩いてみるのもよいでしょう。

きっと自分では選ばないような石を選んでくれたり、最高の結果が出るような石の組み方をしてくれたりするのではないでしょうか。

◆04◆

星の叡智を使ってみる

個人的には石を選ぶ際には〝触れてから決めるのがいい〟と思っていますが、どうしてもそれぞれの環境・状況によってそれがかなわない人もいらっしゃると思います。

この本では石について語ってはいますが、私の主たる仕事は占星術師であり、星読みですから、ここでは〝石と対話する方式〟以外の、星を使って相性がいい石を見つける方法をご紹介します。

遠方で石を触りに行けない、専門店が近くにない、体や健康上の理由でお店に行けない、すごく惹かれる石がネットショップ上にある、自分用ではないが大事な人にお守りの石を贈りたいといった場合には、きっとこの方法が石選びの羅針盤や指針の一つになってくれるのではないかと思います（↓P.53～を参照）。

石のケア

石を愛用している人はお詳しいかと思いますが、石を扱っていると「どのようにケアをすればいいのか」という質問をよく受けます。

他の専門書やブログ等とかぶるところも多いかと思いますが、パワーストーン・天然石は主に以下のような方法で浄化・ケアすることができます。

●流水で洗う・水につけておく
●太陽の光で浄化する
●月に照らす
●セージを焚く
●音叉《おんさ》でチューニングする

他にも様々な方法があるなかで、ざっとメジャーなものを挙げてみましたが、いかがですか、すごくシンプルだとは思いませんか？

　それぞれの方法についての細かい解説はここでは割愛しますが、基本的には、陽光・月光といった自然の光に照らしたり、浄水で洗ったり、また、音叉やティンシャ、ベル、お鈴、シンギングボウル、クリスタルボウル等の音（振動）、セージ・インセンス等の煙で石に溜まった波長をクリアリング、綺麗な状態に戻すことができます。


　これらの方法はよく見てみると人が気持ちよく感じるものと似ていることがわかります。

　私たちはお寺に行けばお線香やろうそくを奉じ、その煙を頭に被ったりしますし、また、温泉や海に入るとさっぱりしますし、音楽は癒しであるというのは大概の人が賛同してくださるはずです。このように、人と鉱物の間には別段、扱いにおいて差はありませんから、人がされて嬉しいことを石にもしてあげると良いのです。

　人がされて嫌なことは石も嫌がると捉えてしまっても大丈夫です。

つまり「人が〝嫌がること〟は石も嫌がる、人が気持ちいいと感じることは石も同様である」という基本を押さえておけば、実は〝浄化〟は特別なことではなく、ケアといっても特別なことをする必要はないことがわかるはずです。

また、お財布や家の鍵等、大事なものを置く場所を決めていたり、週末には靴をピカピカに磨くとか、アクセサリはジュエリーボックスにまとめて収納している等、人によってルーティーンこそ異なれど大事なものとそのトリートメント・扱い方があると思いますが、できればパワーストーン、ジェムストーンもそれらと同列に扱ってあげると良いかと思います。

あくまで一例ですが、定位置を決めてあげたり、定期的にお掃除・浄化をしてあげるとか、外から帰ったらすぐに流水で洗う等、大切に扱ってあげると石も喜び、持ち主のために更にパワーを発揮してくれたりもするはずです。

＊注意：ラピスラズリ等の水に弱い石や、日光に長時間当てると色あせや退色が起こる石もあるので、それぞれの個体の特徴をお店・WEBサイト・書籍等で、事前にリサーチ・調べていただくことをお勧めいたします。

第3章

石の力で変容を起こす

Transform with the power of stone

石をもつことによって変わること

石とは大地のエネルギーをギュッと内包した存在。

大地の波動そのままの石を身につけるのは、エネルギーの点滴をセットするようなもの。

私たちの体も、ビタミンC点滴をしたり、水素を点滴したりすると体調が変化していくように、石による点滴（パワーチャージ）も心身に相応の変容をもたらしていることを長年身につけている中で実感しています。

以下、一例にはなりますが、石を身につけると起きる変化について解説していきます。

◆ 01 ◆ 体感／体調が変わる

これはある意味一番わかりやすいものかもしれません。

石はどの個体も特有の波動をもちますから、その波動を取り入れることによって、体調が変わったり、体質が変わったりすることも実感してきています。

五感が敏感になったり、予感・直感といったものが鋭敏になる可能性もあります。

また、場所や食材や人から感じる"体感"のようなものが変わることで、今までNGだったものがOKになったり、またその逆が起きたりすることも。

この辺りの変化はリアルに体感としてわかりやすいものですから、石ビギナーでも"石の影響・作用"のイメージとして理解しやすいはずです。

また、かなり影響を受ける方が強い石をもつと、体格／肉付きが変わったりすることもあると感じています。

◆02◆

マインド／性格が変わる

石は無色透明のものもありますが、石の色が各チャクラ※

※チャクラの解説はP52をご参照ください。

（1番チャクラ・赤～8番チャクラ・シルバー等）に対応した効果をもっと言われています。

1～8番まである（もっとあるという理論もあり）とされるチャクラですが、それぞれが体の臓器や特定のマインドと紐づけられているので、どの石をもつかによって特定のチャクラが強化・活性化されるといわれています。

その結果、マインド・気質のようなものが変化していきます。

例えば、気持ちが穏やかになるとか、執着がなくなるとか、安心感が高まるとか、勇気が湧くとか、守られている感じがするとか、いい風をキャッチできるアンテナ力が増すであるとか、他にもあるかと思いますが、気分のベースや概念のようなものが上書きされる感じといえばわかりやすいでしょうか。

当然ですが、気持ち＆マインドの変化がＱＯＬに与える影響は大きく、石を身につけた結果、人生観が変わり、"大切にしていることが変化"して、転職・パートナーシップの変化・移住・転居等、人生の節目を体験する、なんていうこともあるかもしれません。

◆03◆

食べ物／服装の嗜好が変わる

これも前述の2つと密接に関わりがあるのですが、マインドや体感が変わった結果、食べ物や服装の嗜好がシフトすることが実感として多いです。

食べ物に関してはまず体感が増していくことで、〝嫌いだったものや相性が悪かったもの〟を食べることが減っていったり、もっと体が欲するものに敏感になります。

また今の時代は〝地の時代〟と〝風の時代〟の狭間で、新時代様式に人々の意識が刷新されていく時ですから、過去の時代様式で構築されているフレームワークから飛び出していくことが求められています。そのため、多くの人がこの嗜好性に変化が起きていることを感じていらっしゃったりもするはずです。

そして、何らかの欠乏感を埋めるため、過剰なストレスやマインドのバランスを取るために甘いものや辛いもの、過食に走ったりすることがありますが、気持ちの〝穴〟のようなものがなくなり、マインド自体が安定することでそういった〝補完的な食事〟をすることも減っていくでしょう。

石の使い方：実践編

パワーストーンでもジュエリーでも、石をいくつか所有するようになると考え始めるのは、装いにもTPOがあるように「石の世界にもTPOというか、状況にふさわしい身につけ方やルールといったものがあるのではないか」という石の力の使い方についてではないでしょうか。

- この石の使い所はいつなのだろう？
- どういった状況の時にこのアクセサリを身につければいいのか？

ここではそういった石の使い方・石の力の生かし方について触れていきたいと思います。

とはいえ、石の使い方や考え方は本当に様々です。人の数だけ石との触れ合い方が異なるというのがこの世界の常ですから、"私がお勧めするやり方が絶対正しい"ということはありませんし、専門家・鑑定士によっても意見が分かれたりすると思いますので、まずはそちらをご承知おきいただければと思います。

以上の前提を踏まえた上でお勧めしている石の使い方は以下となります。

用途によって石を使い分ける

●自分と常に共にあるお供の石：

自分と同質の波長をもつ石や自分の足りないところを補ってくれるような波長をもつ石がこちら、お供の石です。自分と同質の石をもつことで、筋肉でいうところのブレない体幹ともいえるような、インナーマッスル的な軸を強化することができます。そして自分の足りないところを補ってくれるような石をもつことによって、弱点を補強します。具体的なものですと、そそっかしいところがある人が"注意力散漫を防ぐ"ような波動をもつであるとか、コミュニケーションエラーを起こしがちな人が安定的なコミュニケーションを促す石をもつであるというものが、これに当たります。

ちなみに前者の場合は富貴な方がリッチバイブスの高いルチルクォーツ・ダイヤモンドをもつとか、審美眼や観察眼が鋭い方が眼力を高めるイーグルアイやタイガーアイ、真贋を見抜く天眼石をもつといった具合です。

これらお供の石はその名の通り、常時身につけていても大丈夫なもので、基本的には常備薬や日常使いで用いるサプリのように使用していただけるものです。

そのため個人的にはデザイン的に（リング・ブレスレット等であれば）日常使いしやすいものをお勧めしています。できるだけニュートラルな見た目のもので、ファッションを選ばないものが良いように思います。

●ここぞ！という時につけたい勝負の石：

人は誰しも〝勝負をかける時〟というのがあります。人生に数回？といわれるようなまさに〝清水ダイブ！〟的な超絶大勝負から、プレゼンとかコンペとか試合等の〝勝ち〟を狙いに行く時に勢いをつけたり、気合をチャージして〝勝負運〟を発揮したい時にぴったりなのがこちら、勝負の石となります。

勿論、営業担当や格闘家、人気商売の方々のように、毎日が勝負！という方であればこの石を常に身につけても良いかもしれません。

ただ、このカテゴリに属する石は往々にして〝相当パワーが強い〟ので、仕事でもタスクでも過負荷にしない意識をもつことが大事です。仕事が忙しくて、アポイントがたくさんあって、やる気がもりもり出てきてと、アクティブに活動するのはいいのですが、人は休息も必要です。

そういった宇宙のリズムを無視して体を酷使していくといつか体が悲鳴をあげて壊れてしまったりする可能性がなきにしもあらずです。

オーバーワーク・オーバーロードが続いて、過労でダウンとなってしまっては本末転倒ですから、このブレスレット等のアクセサリを常時つけるのであれば積極的に〝休息〟を生活に組み込むと良いでしょう。

なにごともメリハリをつけて、交感神経が常にｏｎのままで暮らさないようにさえできれば、この石はあなたにとっての仕事運アップの最高のパートナーとなってくれるはずです。

●浄化が必要な時や弱っている時につけたい軽快用の石：

基本的にほとんど全ての石は高いエネルギーをもつので大なり小なりのヒーリングパワーをもっていますが、このカテゴリに属する〝軽快用の石〟は癒しを主たる目的として組まれた・セットされた石たちです。

気分の落ち込みがひどい時、心が傷ついた時、いまいち気分が乗らない時、変な場所にいって何かもらってきたかな？という時、気が進まない飲み会等にいかなくてはならない時、シンプルに体調不良の時、そういう時にこの癒しの石を身につけることで、邪気から身を守り、余計な波動を取り除き、心身をクリアにしてくれるはずです。

また、女性であれば例えばＰＭＳ等が気になるようであれば、そういうものに相性のよい石をあらかじめ選んでおいて周期に合わせて身につけることでお守りとするとか、性別問わず低気圧の時にダウナーになるのであれば気血水の巡りを良くするといわれているような石を選んでおいて身につけてみるのもいいかもしれません。

石の合わせ方

石の面白いところは〝石の効果を組み合わせたりできるところ〟にあると思います。

カクテルも、あるジュースとあるアルコールをシェイクすることでオリジナルのフレーバーになるように、石も波動×波動の掛け算または足し算で石同士の波動を混ぜて楽しむことが可能です。

例えば前述の例であれば〝お供の石〟を身につけた状態で〝勝負の石〟を身につけるとします。

そうすると、自分のベースパワーを上げた上で〝勝負運〟も上がる波動を得られるというのは、比較的簡単な足し算なので想像しやすいかと思います。

実際、私も月のほとんどをブレスレットの2本、3本使いをして過ごしているので波動ミックスをした状態になっているわけですが、月に数回は石のブレスレットを全くつけないとか、勝負ブレスレットをつけないでいるということをしたりしています。

〝石のケア〟の項でも説明していますが（P.36）石も休ませてあげる必要があり、特に勝負ブレスは私自身も〝交感神経優位〟になりすぎるのを避けるために時々は体から外して休ませてあげる必要がある、というわけです。

栄養ドリンクは確かに〝気分が高まる〟かもしれませんが、流石に毎日は飲まないですよね？

それと同じ理屈が石の波動にも当てはまります。〝石の波動に当たりすぎ〟、特に強い波動であれば、のぼせすぎたりしますから、ほどほどが良いように思います。


（例：私は数年前に最高クラスの勝負運をもつブレスレットをずっとしていました。たしかに仕事運等が上がっていることがわかるほどに絶好調でしたが、ある時、無理をし続けてきていた反動が一気に噴出し、体調を壊しました。こういった過去の教訓から今では強すぎないブレスレットをしていますし、また定期的に体から外し、ブレスレットも自分も休ませることを強く意識しています）

そして、石合わせの際に注意したいのは、"上に上げる石"と"下に下げる石"を同時に腕や指に付けないということです。わかりづらいかと思いますので例を挙げます。

"上に意識をつなげて、高次の存在からのメッセージを受け取るアンテナの石"と、"強力なグラウンディングを促す石"を同時に身につけたとすると、ある石は天に、また別の石は地に意識をつなげることとなりますから、体や石等からすれば"で、結局何がしたいの?"というふうになります。

「二兎を追うものは一兎をも得ず」ではないですが、上と下のエネルギーが相殺されて±0になったのではつける意味がありません。

別の例ですと、気分を高揚させるような作用をもつ石と気分を落ち着かせる石を同時にもつ、これも非常にわかりやすいケースかと思いますが、当然御法度です。

石たちが持ち主の気分を高めればいいのか、穏やかにすればいいのかが分からなくなるからです。

リングをはめる、バングルを身につける、ネックレスをかける、ブレスを腕につける。

全てのアクセサリの石を揃える必要はありませんが、ここに記したように、波動同士がハレーションを起こすことがないように、また、絵の具をパレットの上で綺麗にまぜて新しい色を作り出していくように、上手に石同士のエネルギーをミックスして、楽しく実用的な石ライフを送りたいですね！

＊チャクラとはエネルギーが出入りする場所で、第1チャクラから第8チャクラまであると言われている。
第1チャクラ／グラウンディング。場所は骨盤の底あたり。
第2チャクラ／セクシャリティ。場所は丹田。
第3チャクラ／消化器系、筋肉。場所はみぞおち。
第4チャクラ／心、愛情。場所は心臓のあたり。
第5チャクラ／表現、コミュニケーション。場所は喉のあたり。
第6チャクラ／直感力、第六感。場所は眉間。
第7チャクラ／悟り。場所は頭頂部。
第8チャクラ／宇宙とのつながり。場所は頭の上。

第4章

石×星の処方箋

stone x star prescription

星を使って石を見つける、その前に

まずは自分自身の運命の羅針盤、ネイタルチャートをご用意ください。

最近は無料のインターネットサイトが充実していますので、「ネイタルチャート　無料」等で検索すると簡単に個人ネイタルを作ることができます。

例えば以下のサイトのものは見やすく使いやすいです。

（リンク：https://www.astro.com/horoscopesまたは、http://www.m-ac.com）

生年月日、生まれた場所、生まれた時間を入力し、作成します。そのネイタルチャートの中から月／ドラゴンヘッドを見つけましょう。

月○○座、ドラゴンヘッド○ハウス

といったふうにサイン／ハウスが抽出できるかと思います。

これらがあなたの波動・波長にかかわる2つの大きな基準点

おすすめサイト

www.m-ac.com

www.astro.com/horoscopes

ネイタルチャートとは、生まれた日の空模様を図にしたもの。
※左図はイメージです。

となりますが、ここで重要になってくるのは石にも使い方・使い分けがあるということ。

風邪の初期には葛根湯を飲み、ウイルス系の症状には抗生物質を飲んだりするように、石もそれぞれ特有の波動をもつ存在ですから、"使うべき時、シチュエーション"がそれぞれ異なるのは想像に難くないと思います。

例えば、あなたがもし静かに休みたいと感じている時に"いきり立つようなエネルギー"がチャージされる石を身につけたとしたらどうでしょうか？

または普段から焦りがちなのにスピード感が増すような石を身につけたらどうでしょうか？なんだか更に状況が悪化しそうですよね。

そういうつけ方をしたら、願っているものとは異なる効果が体に起きて、むしろマイナスに作用する"逆パワーストーン"となるやもしれません。

そういったつけ間違いを防ぐためにここでは前述の2つの基準点、月、ドラゴンヘッドに絞り、あなたは"星的"にはどんな効果をもつ石を身につければいいのかをお伝えしていきます。

月／ドラゴンヘッドとは

☾ 月

月は癒し。心の動きを表します。

心がなんだか落ち着かない、心がざわつく等、月の要素が満たされないままでいると、あるとき突然、心が暴走することも。

また、忙殺状態やストレス過多な状態が続くと、人は極端な行動に出たり、精神状態が不安定になったり、体調がおかしくなったりします。

心理学の世界でも良く語られていることですが、何をするのにもまずは心を癒し・満たすところから。そうでなければ心が満たされない反動で過剰な承認欲求がでたり、過度に禁欲的・抑圧的になったり、アンバランスな状態となります。

そして、そうなると周囲の人たちとの人間関係にも支障をきたしかねません。

空に浮かぶ月に満ち欠けがあるように、私たちの心も常に移ろうもの。ただ気分の上下や心の揺れに人生を左右されてしまうのはなんだかもったいないと思いますし、状況によっては信用を失いかねません。そのため、心をいかに安定させておくかというのが大人の嗜みの一つであるともいえそうですし、また、自身の心の状態をモニタリングして、疲れているときには休み、ストレス過多になっているなら上手く発散させるなど、きちんと心やマインドを扱えるかどうかが心・精神の時代と言われるこれからの新時代を生きる上での基本リテラシーであると思われます。

ちなみに、一般的によく知られている太陽星座ではなく、月を取り上げた理由は、月が私たちの心、揺らぐ物を表すから。太陽は生来もちあわせたものではなく、月の方が原点であり、出発点であるからです。

☊ ドラゴンヘッド

ドラゴンヘッドは天体ではなく、月の軌道である"白道"と太陽の軌道である"黄道"の2つが交差するポイントのことです。

占星術の世界における通説では"魂のミッション"を示す等と言われています。このポイントに向き合うとわかりやすく人生にブーストがかかり、ホップ・ステップ・ジャンプ！で人生を切り開くことが可能です。ただし、唯一の難点はこのドラゴンヘッドが示す領域のことに向かうには相当の決意・覚悟がいるということ。

"絶対にしたくないこと"に向き合うなど、それなりにレベルの高い行動を伴うのが"最高レベルの難題"と言われる、ドラゴンからの課題なのです。この項目に該当する石を持てばドラゴンヘッドからの課題が発動しやすくなります。結果、人生には超絶な追い風が吹き、ブーストがかかりやすくなります。勿論、前述の課題を伴いますが、"現状を打破したい"人、"魂レベルをサクサク上げたい人"には是非トライしてほしい石たちです。

人生にゆらぎをもたらす星「月」を癒す処方箋

月は占星術の世界では「心とかエモーショナルな部分、プライベートを暗示する」と言われています。月には〝満ち欠け〟があるように、月は〝揺らぎ〟を表します。また、その揺らぎが人生航路を進むあなたの船を揺らし、時には苦しい方向へとあなたを誘うこともあるのです。

そういった月の誘惑に囚われずに、正しく月を癒し、月を使い、月と仲良くなるためには月の不安定要素を埋めたり補完するような石をもつことをお勧めします。

心のゆらぎを治めることで、心が安定し、凪いで波立つことのない湖畔の水面のような心境になるはずです。そして暴走するエゴは影を潜め、人生に穏やかな日々が訪れることでしょう。

また、月はモチベーションの源泉でもあります。

人生で何を求めるのか。その指標が表れているのが月という天体なのです。そのため人は月の要素を欲する時には相当なパワーが出ます。

例えば〝名誉〟がほしい人であれば、ブランド・ステータス・地位向上のアップに全力を尽くし、達成した暁には心が潤う、といった風に。

これから紹介する石たちはあなたの心が求めるものを得られるように全力でサポートしてくれる石たちであり、また、前述のように、心を安定させる石でもあります、というと、なんだか矛盾したように聞こえるでしょうか？

欲求に支配されたり欲求に踊らされるのではなく、欲求は〝魂の成長のモチベーション〟でもあるわけですから、正しく使うのが大事ということなのです。


以下、各月星座ごとにお勧めの石のセレクションリストと解説になります。

自分のネイタルチャートの月のサインに該当する項目をご覧ください。

ARIES

牡羊座

心のモチベーションの源泉

「自分が認められること、ありのままで愛されること」

お勧めの石

ダイヤモンド、レピドクロサイト

月を牡羊座にもつ方は自分自身に過フォーカスする傾向があります。自分とは?自分の強みは自分の弱みは?自分がやるべきことは?自分らしさとは?等々…文字通りエンドレスに自分についての自問自答を繰り返すのがこの生まれの特徴でもあります。

また、自分らしさとか自分の考える自分の持ち味・個性等について揺さぶられることも起こりがちで、自分の尊厳や自己承認、個性・アイデンティティといったテーマに人生の中で何度も向き合っていく宿命を持っているのがこの月牡羊座生まれです。

余計な考え、余計な波動を入れない鉄壁のガーディアン、ダイヤモンドはこの月牡羊座族を守護し、〝煩悩部分〟を取り去ってくれるでしょうし、また、レピドクロサイトは自分らしくあること、自分100％で過ごすことをサポートしてくれるので、あなたが過分にカッコつけることなく、あなたがあなたらしくいることを全肯定してくれるはずです。

TAURUS

牡牛座

心のモチベーションの源泉

「経済的・物質的な繁栄、豊かさや美しさを見つけること、本物探究」

お勧めの石

ルチルクォーツ、ガーデンクォーツ

月を牡牛座にもつ人は物質的な豊かさや安定的な基盤があること、はたまた、五感が満たされていることに安心を覚える人たちです。この生まれは耽美主義的なところが阻害されることにイライラしたり、最低限のコンフォート・快適度合いが満たされないことにストレスを溜めたりしがち。

また、お金とか報酬絡みのことで突発的に問題が勃発したり、お金にまつわることで攻められないといったジレンマを抱える人もいます。逆に直接的な財テクではなく、美的な調和が無いことや、既存のもの／近隣のものに満足できない美意識の高さが飽くなき美の世界の探究のモチベーションになったり、豊かさの追求(グルメ等)に己を駆り立てたりすることもあります。

いずれにしても新しい美意識をこの世界にもたらしたり、本質的なこと、後世に残すべきことを掘り起こしたりする本質・本物の伝道者、それが月を牡牛座にもつ人たちなのです。

そんなセンスのかたまりのような月牡牛座の方にはやはりリュクスな波動をもつ石がぴったり。

黄金の波動、豊かさオーラを放つゴールドルチルは本質・本物志向の牡牛座の財政面のサポートをしてくれるはずですし、また、鉱物としての価値も高いので月牡牛座族にふさわしい石であると言えます。

また、豊かさの波動だけでなく、箱庭のような美しさを併せもつ石、ガーデンクォーツも牡牛座らしい石の一つかと思います。

GEMINI

双子座

心のモチベーションの源泉

「憧れの人とやりとりすること、人と楽しくおしゃべりすること」

お勧めの石

アイオライト、カイヤナイト、サファイア

双子座の月をもつ人はそのアンテナの高さに、ともすると自分自身もが振り回されたりしがち。

新しいこと、面白いこと、楽しいことを次から次に見つけるので、勢いがつきすぎて、順序立てて物事を整理するのが苦手だったり、何かを失念する等、ところどころで"穴"が空きがち。また、疾走感のあるトークが魅力的ですが、もしかしたら相手を置き去りにするなどもこの月双子座生まれの特徴かもしれません。コミュニケーションにムラが起きがちなこの月双子座生まれに対して良き働きをしてくれるのは、アイオライト、カイヤナイト、サファイアといった、ブルー系の石三人衆（人ではないですが）。

この石等は勿論、個別には違う波動をもちますが、共通しているのはガイドであり、思考のお供であり、また余計なものを省き、色々な流れをスムーズにしてくれる波動を持つということ。双子座のアンテナ力の暴走を防ぎ、コミュニケーションを円滑にしてくれるはずです。

また、双子座のもつ深い思考力を高める働きもしますから、仕事運や企画運のようなものを高めてもくれるでしょう。

CANCER

蟹座

心のモチベーションの源泉

「家や家族を大事にすること、自分の癒しスポット（家）をつくりあげること」

お勧めの石

パール、コーラル、アラゴナイト

蟹座に月をもつ人は家庭とか住まいとか家といったものに"揺れる"ポイントをもつ人たちです。

家族とか不動産とか住まいとは、本来、心休まる場所であるはずですが、逆に〝心を揺さぶられる〟トリガーポイントになっているのが月蟹座族の人たちですので、家由来の心身のストレスやドラマの発生を抑えるためにも、この生まれの人たちは他の星座の方たちよりも一層〝月を安定〟させる必要があるといえるでしょう。

家族のことが気になるとか、家族のお世話をしなければならないとか、家族を愛しすぎてしまうとか、家族とか家のことがフォーカスされがちなこの生まれの人には、グラウンディング力を高めるコーラルとか慈愛・母性を高めるパールが最適。これらの石を持つことによって、起こりうる家族ドラマに対してどっしりと構えることができ、冷静に対処・対応できたりするはず。

また、過剰な家族への愛情や気持ちを抑えて、〝愛を小出しにすること〟で、より永続的な関係を築けるようになるのではないでしょうか。

LEO

獅子座

心のモチベーションの源泉

「完璧にことを運ぶこと、難しい目標をクリア・達成すること」

お勧めの石

インペリアルトパーズ、スフェーン

月を獅子座にもつ人はどうしても大きな役割を託されたり、相応の責任や負荷を背負う人生になりがち。リーダー気質で目立つ雰囲気をもつため、仮にそういった社会的なポジションはなくとも自ずと持ち上げられ、"リーダーシップをとる"ような役を担うという人も多いのではないでしょうか。当然ですが、そうなると"仕切りの手間や工数"が増えるので、自分の時間が圧迫されたり、生活の余白が削られたり、圧がストレス・プレッシャーになったりもしそうです。とはいえ、そういう役割をまっとうすること、牽引役をすることに対して嫌な気持ちはなく、むしろ"完璧にこなそう"とするはずですから、人知れず疲労や気疲れがたまることもしばしば。

そんな月獅子座族には、明るい陽の気をチャージし、高貴なオーラが倍増するインペリアルトパーズ、そしてスポットライトで照らしたような"カリスマ力"を高めるスフェーンがお勧め。人から低く見られることが減り、波動バリアを敷くことでよりリーダーシップを発揮しやすくなるはずです。また、行く先々でVIP扱いとか特別待遇をされる等、"良きお計らい"を受けることが増えたりするかもしれません。

VIRGO

乙女座

心のモチベーションの源泉

「整理整頓すること、きれいな環境に身を置くこと」

お勧めの石

ヒマラヤ水晶、白翡翠、スモーキークォーツ

乙女座の月をもつ人はお掃除大好き、綺麗好き、筋が通ったことが三度の飯より好物という傾向があるように思います。いずれにしても"ちゃんとしていない"のが嫌いで、理屈とかロジックとか、コンテクストを重要視するとても左脳的な人たち、それがこの月乙女座族ではないでしょうか。

とはいえ、人の世は白か黒で割り切れることばかりでできているわけではありません。

なんとなくグレーなこと、ロジックが破綻していること、理路整然としていないこと・理論・シチュエーションに遭遇するとなんだかモヤモヤ。そして、ほぼ自動的に乙女座の整えスイッチがオン！それらを"整理整頓"、"矯正・改善"したい欲求がむくむくわいてくるのではないでしょうか。

人間界の整理屋、月乙女座族はそのように常に周囲にアンテナを立てているため、どうしても神経が過敏になりがち。また、白と黒の間に座する灰色の要素の物事がボディブローのようにじわりじわりと効き、ストレス発散が追い付かず体に澱のようなものが溜まりがちに…。

そしてそんな淀みや濁りを解決するスペシャリストが、ヒマラヤ水晶です。

圧倒的な水晶の浄化パワー。世界最高レベルの霊峰ヒマラヤ山脈のパワーを転写した水晶はどんな淀みもクリアリングし、乙女座の純粋さを高いレベルでキープしてくれるはずです。

その他、徳を高める石である白翡翠や、邪気払い＆グラウンディングを促す石であるスモーキークォーツも好相性！乙女座の透明感のある心をキープする、良きお供になってくれるはずです。

LIBRA

天秤座

心のモチベーションの源泉

「新しいものを世界に紹介・告知すること、人やもの・ことをつなげていくこと」

お勧めの石

プラシオライト、セイクリッドセブン

月を天秤座にもつ人はきっと“色々な才能“に恵まれているのだろうと思います。あれもできる、これもできる、そしてそれに加えて自分の才能や能力以外の「＋」（プラス）要素にも恵まれていたりするかもしれません（例：実家が裕福とか援助・サポーターが多いとか、先祖から引き継いだローカルネットワークやコネクションを多くもつ等）。

でもそういった多彩な才能に恵まれているからこそ逆に"一点集中"することが苦手だったり、どれにエネルギーを集中させればいいのかが分かりづらかったり、また、期待に応えようとするあまり、自分の意思が見えづらくなったりするということもあるかもしれません。

そしてその"エネルギーを集中させづらい＋人からの期待とか頼まれごとを断りづらい"月天秤座族には、自己表現を促す石、プラシオライトがお勧めです。自分をニュートラルな状態にする石のため、何がしたいのか、何をしたくないのかの見極めに役立つことは間違いなく、本来あるべき方向への導きが起こったりもするでしょう。

また、他のサインにはあまり見られない"多彩な才能"ですから、そういったマルチタレントを更に高めるという意味で、そしてハイパージェネラリストを目指すという意味で、セイクリッドセブンも最高の相棒になってくれるはずです。

この石は7つの鉱物を内包するとされる石で、波動も（石の個体・カットにもよりますが）7つ持っているとされますから、多彩な才能をもつ天秤座にぴったりな石ではないでしょうか。

SCORPIO
蠍座

心のモチベーションの源泉
「深く繋がったり、愛し愛されること、特殊な生き方をすること」

お勧めの石
オニキス、トルマリン（ピンク）、ファントムクォーツ、シャーマナイト

月が蠍座にある人は愛深き人。また特定の人たちと望む望まざる関係なく心のうちを明かし合うような深い関係になったりする、圧倒的な受容力をもつ人たちです。

またそのような器の大きさから、色々な特務がやってきたり、最後の切札・砦のような使われ方をする等、みんなからの信頼が厚いスペシャルフォースのようなところをもっているのがこの月蠍座族なのです。そんな特務部隊的な特性をもつためか、どうしても普通であれば知らなくてもいいところまで知ってしまうとか、常識や通例では判断しきれない、枠に収まらないような状況に出合うなんていうこともしばしば。

そのため、特殊な状況に置かれることによるストレスがか

かったり、誰にも秘密を漏らさせないような保守力が求められたりする等、鉄のカーテンを引くことが人生に多く起こるかもしれません。そんな月蠍座族を癒してくれるのは、初志貫徹のパワーをチャージしてくれるファントムクォーツや、最初から余計な負荷を背負わずに済むように不要な出会いやご縁を選別・カットしてくれる破邪の石・オニキス、はたまた、芯からの肉体の復活を促す石・トルマリンとなります。

特にトルマリンはピンクタイプが蠍座の人にはお勧めで、ネガティブなパワーを弾き飛ばしてくれることでしょう。

SAGITTARIUS

射手座

心のモチベーションの源泉

「人に何かを教えること、学ぶこと、最先端のことをすること」

お勧めの石

アンデシン、タンザナイト、アメジストエレスチャル

月を射手座にもつ人は先見の明をもち、新領域開拓を得意とする人たちです。そのため、先生・先駆者・魁《さきがけ》的な役割を担うことになりがちで、教えを乞われたり、教壇に立ったり、メディア対応に追われる等、どうしても目立つことが多い生まれだと思います。

先陣をきる！というと格好は良いのですが、作りあげられてしまった周りからのイメージが先行してしまうと、なかなか"上がったところから降りること"が難しくなってしまったりもするもの。リアルな自分像と外から見られがちな自分像が乖離してしまうストレスや、特定の領域の先生としてその場所に自分が縛られ続けていると、時に"全てをリセット"してしまいたい衝動に駆られたりもしそう…。

そんな射手座の心の暴走を抑えてくれるのが、賢者の石・アンデシンや、心にワクワクや希望の光を灯してくれる石・タンザナイトではないでしょうか。

また、マインドのささくれをきれいに整え、且つ、新しいチャレンジを促すアメジストエレスチャルも冒険者の射手座にふさわしい石。既存の枠に収まらず、また次の目標に向かって冒険の海に漕ぎ出すチャンスや勇気をチャージしてくれるはずです。

CAPRICORN

山羊座

心のモチベーションの源泉

「社会で役に立つこと、影響力を持つこと、権利・ステータスを得ること」

お勧めの石

ブラックスピネル、ハイパーシーン

月が山羊座にある人たちは規律・規範を大事にし、礼儀作法をとても大切にする社会性に富む人たちです。自分が行うことがどれだけ社会に影響を与えるのか、社会に対して貢献できているかどうかがモチベーションの源泉であり、働く理由となっているのがこの月・山羊座の生まれ。そのため、どうしても"役割を放棄するとか穴を開ける"ことに対しての恐怖・不安があり、自分ファーストで過ごすことやプライベートのこと・本当の気持ちを打ち出すことが二の次、三の次になりがち。

また、"効果・結果"をだすことに全力投球のため、自分が向き合っていることが軽んじられることや適当な対応をされること、"どっちでもいい"とか言われてしまうことにイラッときたりする等、真面目に向き合うからこそ"中途半端"が許せなかったりもしそう。

そんな"真面目"な月山羊座族にぴったりなのは高貴な波動+武士的な波動を持つ石たちです。

例えばブラックスピネルやハイパーシーンといった石は"背筋をピシッと伸ばしてくれる"ような波動をもちますから、適当に対応されるといったことを軽減できるでしょうし、また、特にスピネルは凛としたオーラがプラスされるので丁重に扱われたり、プレゼン等で皆が聞く耳をもってくれたり、意見が通りやすくなったりするのではと思います。

AQUARIUS

水瓶座

心のモチベーションの源泉

「オリジナルな生き方をすること、改革・改善をしていくこと」

お勧めの石

ラブラドライト、エレスチャル、セラフィナイト

月を水瓶座にもつ人たちは、俗世的な論理とか今までの慣習に左右されず、物事の本質を見ることができるという特質をもっています。そのため、"当たり前・普通"、"常識・習慣"を守ろうとする人たちとは噛み合わなかったり、軋轢が生じたり、理解されなかったりするということが人生にしばしば起こります。

そういった宇宙の理を伝え、人の社会を変えていける力を持っていても、社会のポジションや役割を得るか、コミュニケーション能力や人徳を徹底的に鍛え上げるなりしないとなかなかその"精神"は伝わっていかないもの。

改革者であり新しい風を吹かせる特質はなかなか受け入れてもらいづらいかもしれませんが、それでも！と工夫や努力や精進を重ねて、オリジナルな発想を周りが認めてくれだすとしめたもの。

一旦初速がつけばあっという間にあなたの世界観が受け入れられ、周囲に人やものが集まり始めるはずです。

そんな革命の使徒である月水瓶座族には宇宙の石を下ろすアンテナであるラブラドライトや、マスターストーンとも言われる石・エレスチャルがお勧め。

共に宇宙の叡智に深く関係している石なので、革命者たる水瓶座らしさを最高に引き立ててくれるはずです。

PISCES

魚座

心のモチベーションの源泉

「パラレルワールド的な生き方をすること、人が癒されているのをみること」

お勧めの石

ラリマー、アゼツライト、アメトリン

月を魚座にもつ人たちは底が見えないほどの癒し系の波動をもつ人たちです。また、人間界のカオスや不条理や色々な側面を比較的若い時分で体験・観察することとなったりもしますが、それは自分が担う役目である負の側面や問題点を我が身をもって体験し、対策を立てられるようにするため、自身の体で"実地体験をしている"のです。

そうした負の波動や常識外のバイブスを浴びる機会が多いため、どうしてもこの月魚座族は精神は大丈夫でも体がボロボロになったりもしがち。

気力で持たせてしまうことができるのが強みではあるのですが、気づいたら体を壊していたなんて本末転倒でしかありませんから、そうなるまえにガス抜き・休息を取ることを徹底したいもの。

ここに列記してある石たち、ラリマー、アゼツライト、アメトリンはそれぞれことなる波長をもつ石たちですが、魚座の月の揺らぎを確実に解放に導いてくれる石たちです。

ラリマーは"癒しの搾取"からの解放を促し、アゼツライトは圧倒的な浄化を施し、霊性を高めます。そして、アメトリンは魚座の中にある時に二律背反するのではとも思われる不思議な二極性を中和し、バランスを欠きがちな魚座の月を最適なところへとランディングさせて地球での生活に感じる違和感を払拭し、生きやすくしてくれるはずです。

最難題に挑み、人生をブーストさせる「ドラゴンヘッド」の処方箋

1ハウス

お勧めの石

インカローズ・ローズクォーツ・アイオライト

ドラゴンヘッドを1ハウスにもつ人たちの魂の望みは「自分らしくあること・ありのままの自分を生きること・自分のキャラクター・パーソナリティを生かすこと」です。

インカローズ・ローズクォーツ・アイオライトという石たちは自分が自分らしくあることを全肯定し、自分を打ち出すための自信をもたせてくれるはず。また、自分がよくわからないといった向きには特にアイオライトが効力を発揮！自分

らしさを見つける旅、そのお供であり羅針盤となり、ベストな方向へとあなたを導いてくれるはずです。

2ハウス

お勧めの石

カーネリアン・シトリン・タイガーアイ

ドラゴンヘッドを2ハウスにもつ人たちの魂の望みは「才能を発揮すること・自立して自分らしく稼ぐこと・現世的な豊かさを追求すること」です。

カーネリアン・シトリン・タイガーアイという石たちは、ファッションやグルメを楽しむ、快楽・贅沢といったものを自分に許すこと等を応援してくれますし、また、お金のことを考えるのが苦手とかいくら稼ぎたいとかいうのがはしたないという概念をもっていたりする人にはそのブロックを解除するための最高の特効薬となるはず。ある意味、3次元世界的なパワーが強い石たちですが、そういった陽の気をチャージすることであなたが浮き世に根を張りやすくなるはずです。

3ハウス

お勧めの石

セイクリッドセブン・カルセドニー・アメトリン

ドラゴンヘッドを3ハウスにもつ人たちの魂の望みは「知の探究をすること・探検で得た知見をシェアすること・人との交流を広げていくこと」です。

セイクリッドセブン・カルセドニー・アメトリンといった石たちはあなたに情報・こと・ものをどんどん集めてきますし、また、外との交流やその機会を増やしていくという作用もあります。どの石も非常に知的なバイブスを持っていますから、頭の回転を良くしてくれるはずですし、宇宙から叡智をダウンロードしてくる作用もありますから、流星が降ってくるが如くにインスピレーションを授かり、いくべき場所ややるべきことがパッと脳に浮かんだりもするはずです。

4ハウス

お勧めの石

ムーンストーン・クンツァイト・ラベンダーアメジスト

ドラゴンヘッドを4ハウスにもつ人たちの魂の望みは「家族の時間を大事にすること・感性を磨くこと・エモーショナルなことに価値を見出すこと」です。

ムーンストーン・クンツァイト・ラベンダーアメジストは感性・感覚を研ぎ澄ませ、ロジックを超えた何かをあなたに授けたり、ときに過度に理性的になりがちなあなたに人間味、人間的な温かさを取り戻させてくれたりもするはずです。優しさとか慈愛といったパラメーターは〝経済的合理性〟からはかけ離れた、評価しづらい・されづらいものですが、そういった心から生じるものの大切さをこの石たちは呼び起こしてくれることでしょう。

5ハウス

お勧めの石

モルガナイト・オパール・インペリアルトパーズ・アンバー

ドラゴンヘッドを5ハウスにもつ人たちの魂の望みは「自分の意思を打ち出すこと・創造性豊かな日々を送ること・プライドをもつこと」です。

モルガナイト・オパール・インペリアルトパーズといった石たちは、愛すること、人を好きになること、人生をファンファーストで過ごすことを促し、ドライなマインドをホットなものへと切り替えてくれるはず。また、"どうせ~"といったマインドセットからの解脱が進み、ニヒルなところが軽減し、人生をもっと豊かで面白い冒険のステージだと捉えることができるでしょう。そして、つい選択とか決断を人に任せてしまいがちになるのがこの生まれの方々ですが、この石たちは自らの意思・意見をしっかりと打ち出していく、その一助となってくれるはずです。

6ハウス

お勧めの石

クリソベリル・プレナイト・ブラッドストーン

ドラゴンヘッドを6ハウスにもつ人たちの魂の望みは「具現化すること・形にしていくこと・まとめていくこと・治す／直すこと」です。

クリソベリル・プレナイト・ブラッドストーンといった石たちは誠実・健全化する波動を持つ石たちです。企画を形にしていくこと、散らかったもの、乱れたものを正していくこと、過剰なものを削ったり祓いでいくこと、何かを治癒していくこと等を課題に持つのがこの6ハウスドラゴンヘッドもちの方々ですから、この石たちの波動がそのミッション達成にブーストをかけてくれるでしょう。特に医療や人の体に触れる役目をもつ人にはブラッドストーンやプレナイトはお勧めの石です。現場で被ってしまった重めの波長をクリアなものへと戻し、中庸をキープする役も担ってくれるはずです。

7ハウス

お勧めの石

スフェーン・アクアマリン・ペリドット

ドラゴンヘッドを7ハウスにもつ人たちの魂の望みは「人とのつながりや絆を学ぶこと・都会的センスを学んだり、文化・教養を深めること」です。

スフェーン・アクアマリン・ペリドットという石たちは繋がり、絆、ポジティブな思考をもつことを促し、また、スポットライトをあなたに当てていくような作用をもちます。

人生を生きるだけでなく、主人公として生きること。もしどこかにそういった"メイン"となることに遠慮があるならこの石はあなたの中からその概念や恐れ、不安を吹き飛ばし、キラキラと輝く人生を歩むためのマインドセット（勇気や胆力や開き直り）をあなたにインストールしてくれるはずです。

8ハウス

お勧めの石

スギライト・チャロアイト・オブシディアン・シャーマナイト

ドラゴンヘッドを8ハウスにもつ人たちの魂の望みは「裏側の世界を楽しむこと・受け取り上手になること・霊的・精神の世界の学びを深めること」です。

スギライト・チャロアイト・オブシディアンといった石たちは基本的には守りの石ですが、深遠なるスピリチュアル・精神世界に足を踏み入れようとする時のガイドとして正しい方へと導いてくれるはず。8ハウスドラゴンヘッド持ちの人たちは見えない世界やスピリットの話にアレルギー気味かもしれませんが実は興味津々であったりも…。人からどう思われるかといった外聞を捨て去り、魂が望む方へと素直に進むこと、また、人から流れてくるもの・こと・機会・ご縁をきちんと受け止める器を鍛えることがこの生まれの課題ですので、〝清濁合わせのんでいく〟ことを意識すると良いでしょう。

9ハウス

お勧めの石

ターコイズ・タンザナイト・ラリマー

ドラゴンヘッドを9ハウスにもつ人たちの魂の望みは「肉体的・精神的に筋肉痛を多く体験すること・冒険の世界に飛び出すこと・テリトリーを拡大すること」です。

ターコイズ・タンザナイト・ラリマーといった石は、あなたがもともともっているテリトリー意識、ホーム意識をはぎとり、あなたを外の世界へと誘います。本当はもっとできるのに"これでいいや"とフルに力を発揮せずにいると飛躍的な成長は望めません。そしてそれはあなたの魂や星々が望んでいることでもありません。そのため、この石たちはあなたをどんどん冒険へと追いやり、なかば強制的に出航させてしまうかもしれません。

でも、それこそが実はあなたの魂が望んでいることなのです。外へ遠くへ、そしてまだ見ぬ世界へと飛び出して、見て、聞いて、味わって、見聞を広め、最終的に何かの先駆者になっていくこと。この石たちはあなたをそういった勇敢な冒険者にしたてあげてくれるに違いありません。

10ハウス

お勧めの石

ラピスラズリ・アゲート・アレキサンドライト

ドラゴンヘッドを10ハウスにもつ人たちの魂の望みは「社会的に頭角を現すこと・流派やシステムや王国のようなものを構築すること・トップに立つこと」です。

ラピスラズリ・アゲート・アレキサンドライトといった石はあなたの社会参加意識を高め、起業するとかカリスマになるとか、強い影響力をもつ等、あなた、もしくはあなたの会社やシステムやサービスが〝世に大きく貢献すること〟を後押しします。いわゆる仕事運が超絶に上がる石でもありますし、また、社会のあれこれに本気で取り組むことを促すような作用も持ちます。表に出ていくことや自分たちで何かを起こすことに躊躇している人には最高のブースターストーンとなるのは間違いありません。

11ハウス

お勧めの石

フローライト・ギベオン・モルダバイト

ドラゴンヘッドを11ハウスにもつ人たちの魂の望みは「フラットな横のつながりを構築すること・社会問題を解決すること・オルタナティブな暮らし方をすること・新しい未来の世界図を描くこと」です。

フローライト・メテオライト・モルダバイトはどこか地に足がつかない、いや、ちょっとした浮遊感すら感じさせる石たちですが、この石の波動が11ハウスドラゴンヘッド族を徹底したリアリティの世界から解脱させ、新しい可能性を秘めた世界へと移行させていきます。この世界に新しいアイデアを届け、人の世に新しい可能性を見せたり、実際に生み出していく。そういう人類の未来図を書き換えていくのがこの生まれですから、この石たちはそういう未来的なヴィジョンやインスピレーションを持ち主に届け、その活動を後押し続けてくれるのではないでしょうか。

12ハウス

お勧めの石

リビアングラス・ラベンダーアメジスト・天眼石

ドラゴンヘッドを12ハウスにもつ人たちの魂の望みは「浄化・禊役を全うすること・パラレルワールドを生きるということ・アートやスピリチュアルな感性を高めること」です。

リビアングラス・ラベンダーアメジスト・天眼石といった石は目に見えないものに対する感性を高めたり、魂とか肉体に累積した目に見えないカルマや澱のようなものを浄化していくような作用をもちます。人は誰しもこの世界を生きているとなにかしら"もらって"しまうものです。外を歩いているだけでも何らかのストレスを感じたりもするものですが、そういった微細なものから、大きなトラウマ的なものまで、この石たちは"なんでもござれ"、全て対処してくれる石たちです。また、12ハウスドラゴンヘッド族は、人間世界の穢れを浄化する展開から遣わされたクリーナーでもあり、高次の意識が伝えるメッセージを具現化するアーティストでもあります。この石たちはそういったアーティスト活動、ヒーラー、チューナー活動を支援し、あなたが妨害されること、過去からのカルマや不浄に足を引っ張られることから遠ざけてくれるでしょう。

＊　＊　＊　＊　＊　＊

星を使った石の処方箋はいかがでしょうか？

各ハウスやサインに該当する石を全て手に入れて身につけていただいても大丈夫ですが、勿論、全種類を揃える必要はありません。ピンとくるものがあれば試してみたりして、自分に合うものを身につけていただければと思います。

第5章

石の辞典

stone dictionary

Let's
look at
stones!

天

【 HEAVENWARD 】

この地球を生きる動物たちの中で
人類が特に秀でているとされる力、霊性。
それら霊的なアンテナの精度を高めたり、
我々に必ず付いているとされる
ガイドスピリットや守護霊といった
高次の存在との繋がりを深めるのがこちら、
「天」属性の石の特徴です。
霊性を高め、高い視座・宇宙的な視点で
物事を見ることを助けてくれる石たちです。

LAPIS LAZULI

● ラピスラズリ ●

強力なリセット力を持ち、人生の軌道修正が発生する場合も

Color	ミッドナイトブルー
Country of origin	アフガニスタン、ロシア、チリetc.
Key word	品格、リセット、邪気払い
Well together	10ハウス［☊］

※DATA内のマークは、☾=月星座、☼=太陽星座、☊=ドラゴンヘッドをそれぞれ表しています。

人類と鉱物、なかでも宝石、貴石といわれるものとの関係は非常に古い。翡翠、水晶、真珠…色々あるが、その中でも最古のパワーストーンと言われているものの内の一つにラピスラズリがある。

日本名〝瑠璃〟。

深海のようなブルーは涼しさを感じさせ、それに反比例するかのように手にずっしりと来るソリッド感からは石が生成されるのにかかった幾万という年月そのものを感じ取ることができる。

ミッドナイトブルーといえるほどに濃い夜空の色をまとったものもあるし、ギリシャのタイルのような、若干テカリのある、発色のキレイなブルーが目を引くもの等、ラピスのブルーには濃淡があり、個体差が比較的多い石でもある。

パワーストーンは数多の種類があるが見た目のインパクトで言えばファントムエレスチャルや、ストロベリークォーツ、セイクリッドセブン等、所謂パワーストーンっぽいもののほうが〝主役的〟で、目立つ存在ではあるだろう。

ただし、ラピスが圧倒的に勝っているもの、ラピスにしかない、ラピスにのみ醸しだせるものというのが、実はあるのだ。

それは品格。

イメージでお伝えするならば他の石はあくまで縁の下の力持ち。下からサポートしてくれる優しい石だが、それに対してラピスは上から指示が飛んでくる鬼教官、監督官のような存在である。

そもそも、ツタンカーメンのマスクにも使われているほどの格式がある、非常に気位の高い石である。その気位の高さ故、ラピスを常人がもつとどうなるか…。

まず、**非常に強い浄化作用から、邪を祓い、内なる邪も祓われる。同時にサードアイにも作用し、人生の青写真を見つめ直すきっかけを与えられ、必要に応じて軌道修正がなされたりもする。**

不正は是正され、必要の無いご縁は処分され、適切でない人間関係は壊される。そこにはいっぺんの容赦もないのだ。

断捨離、離脱、病気、怪我、売却、離縁、成長するために必要の無いものがあらゆる手を使って全てリセットされる。

かなり無理があるたとえだが、UFOキャッチャーで上からアームがのびてきて、首根っこをつかまれゲートに運ばれるぬいぐるみのように、シフトが促されるだろう。そこには**持ち主の意思を〝計算に入れない〟ほどの、有無を言わさない力がある。**

品格の石、ラピスラズリ。

その魅力的な名前やアクセサリとして持ちやすそうな見た目のブルーのルックスも相まって、この石を好きな人は多いと思うが、本当はしっかりと相性を見ないといけない石だ。**人にはおそらくラピスをもつべきタイミングがある。**

そしてこのクラスの石になると〝そのタイミングが来ると〟自然とお呼びがかかるはずである。**〝成長するために断捨離をする断固たる決意があるか。魂が求める本当の自分自身の人生を歩む腹づもりがあるか〟**

そう、向こうから問うてくる石なのである。

ラピスと同調できた時、人は本来の魂のレールに戻り、強く眩ゆくその命を輝かせることになる。その頃にはラピスに含まれるパイライトのような金色や、ラピスブルーのオーラを纏っているあなたがいるに違いない。

＊強制リセット力の非常に強い石のため、全てを捨てていい覚悟がある方以外はご遠慮ください。

MOLDAVITE

● モルダバイト ●

自分が本来もつ感性を優しく諭し、気づかせてくれる仙人

Color	グリーン
Country of origin	チェコスロバキア
Key word	魂の目覚め、スイッチ
Well together	11ハウス［☊］

パワーストーンのなかには"ストーン"とはいわれているものの、実は"石"ではないものもいくつか存在している。わかりやすい例をあげると、樹液が固まってできた"琥珀"やコーラル（サンゴ）、また、貝から採れる真珠も正確には石ではないものに属するだろう。

今回ご紹介するものもこの"not stone"属となるのだが、とてつもないパワーを有する石であることから、この石は実はパワーストーン界の横綱の一人（1石？）ではないかと感じている。その横綱級のエナジーを放つ、深い緑色が美しい石の名はモルダバイトという。

チェコスロバキアのモルダウ川近郊で採れたことからその名が付けられたが、ただ、モルダバイトは先ほどもお伝えした通り、正確には石ではない。太古の昔に地球に隕石が落下した際、激突の衝撃で地球の成分と隕石の成分が混ざり、融和してできたガラス質の物体、それがモルダバイトの正体で、宇宙のパワーをこの石から感じるのは、なるほど、そういう理由があったからなのだ。ちなみに産地である欧州ではこの石は古くからアクセサリとして使われたり、祭事に用いられたりしたらしい。波動を観察していくと、**この石は一種の"目**

覚め”を起こすパワーをもっている。今まで眠っていた感覚や感性をアクティベートするスイッチをoff状態からon状態にパチンパチンと軒並み切り替えていくような、少々強引とも言えるシフト力、それがこの石の真骨頂だろう。体感は人によってそれぞれだが、この石を持つと急に体が熱くなるとか、涙が出てくるとか、目が冴えてくるとか、色々なリアクションが起こることがある。その理由はこの石のアクティベーションパワーによるものだと思うが、人によっては好転反応的に体の火照りとかがしばらくとれないという人もいるかもしれない。それほどに強力な力をもつ石だが、**基本的にはこの石が狙うのは私たちの魂の目覚め。**ハートセンター(心の部分)に私たちがこの世に降りてきた理由とか宿命が眠っていて、そこに神様たちとの約束も刻まれている。ただ、多くの場合、その約束に気づかずにこの世を駆け抜けて、来世にそのバトンをつないでいく。とはいえ、いつまでもその輪廻を繰り返すわけにはいかないので、この石は**「一旦立ち止まり、その“刻み込まれたもの”にしっかりと向きあってみたら?」といった問いを投げかけてくる。**

とはいえ、ルチルのような激しい感じではなく、ファイアークォーツのようなメラメラする感じでもない。ムーンストーンのような女性的な優しさともちょっと違う。そう、眼鏡をかけた初老の(なんなら定年がおわって嘱託で働いている)おじいちゃん先生！　人間界で言うと、このおじいちゃん先生のようなバイブレーションをもっているというとなんとなくわかりやすいだろうか。

モルダバイトは仙人の石。そんな仙人ストーンをもつということは、宇宙の理を知る仙人・長老と共に過ごすということ。そうやって考えると"とても贅沢"な気もするが、なんてことはない、この石は本当に、"とても贅沢"なものなのだ（高価という意味）。

モルダバイトはリビアングラスとならぶ"希少価値が高い天然ガラス"で、"非常にパワフルなパワーストーン（の一種）"とされている。流通量がとても少ないことからこの2つの石はとても高価だが、"ご縁がある"人には然るべきタイミングで手元にやってくるのではないかと思う。あなたが"生きながらにして生まれ変わる"ことを決めたタイミングで、この石はあなたの手元に、まさに流星のように飛んできてくれるのではと思っている。

LABRADORITE

● ラブラドライト ●

第六感が冴え渡る、重大メッセージの受け取り手に

Color	グレー系
Country of origin	カナダ、フィンランド、マダガスカルetc.
Key word	メッセージの受け取り手、アンテナ感度良好
Well together	水瓶座［☾］

初めてこの石を見たとき、“あ、なんか、宇宙がいる！”と思った。この石は他に類を見ないヴィジュアルをしている。そしてとても特徴的な波動特性をもっている。見た目的にはグレーから黒。それにムーンストーンのようなシラーが入ることで、宇宙がキラキラ光っているように見える（正確にはこの現象はラブラドレッセンスと呼ばれる）。色的にもダークカラーベースでギラッキ感がそれなりにあり、ルースとかだとちょっと変わった昆虫のように見えなくもないので、この石が生理的に苦手！という人もいるかもしれない。

また、以前、事務所で石を組んでいた時に、“ブレスレットのチョイスにラブラドライトも加えてみましょうか？”なんて言ったら、“え、ラブラブライト？”って返事が返ってきたこともあるように、“ラブラブ～”等と聞こえてしまいそうだが、実際は波動的にはそんなに“ラブ～”な石ではないのであしからず（ちなみにラブラドライトの名前はラブラドル半島で発見されたことに起因する）。

さて、肝心のこの石のもつ波動・効果についてだが、**この石をつけるとほとんどの人が“頭頂にあるアンテナ”が開いていくのを感じる**だろう。衛星放送のアンテナが立つとか、ある漫画の主人公のように髪が〝霊気アンテナ〟になっているとか、まさにああいう状態になって、**予兆を受けるアンテナの感度が一気に最高レベルまで上昇していく感じ**が、ラブラドライトの効果である。そして、そのアンテナを介して色々なものをキャッチできる状態へと持ち主を仕上げ、受信態勢を整えてくれたりもするだろう。

とはいっても、決して身も心もゴリゴリのスピリチュアリストになっていくということはないし、そんなに強制力が強い波動というわけでもない。勿論だが勝手に私たちのマインドを書き換えていくような〝スパルタ系〟でもなく、タイガーアイやルチルのように〝世間で活躍するためのパワーを与える金脈系〟とかでもなくて、ただ**シンプルに高次とつながる宇宙アンテナを高める効果をもっている石**なのである。

実際、石好きの中でも宇宙とかチャクラの6、7感が好きな人はラブラドライトが好きな人も多いはず。この石そのものが〝宇宙のミニチュアのようなルックス〟をもち、角度によってキラキラと輝くため、見るものを飽きさせず、その唯一無二のヴィジュアルからコレクターが多い石でもある。

キラキラ系といえば、ダイヤモンドの煌めきが大地からの愛の結晶だとすると、ラブラドライトのキラキラ、つまり、ラブラドレッセンスは宇宙からの愛。宇宙からのメッセージが降りてくる依代がこの石であることから、**この石をもった瞬間から、あなたにも宇宙の意思が降臨し続け、“色々なメッセージを受け取る”ことができるようになるかもしれない。**そういう意味ではラブラドライトに魅せられた人というのは“宇宙から指名を受けた人”といえるかもしれない。

「あなた目掛けて地球にメッセージを下ろすから、あとよろしくね」という感じで、上から目線なタスクリストがガンガン降りてくる。勿論そこに書いてあるのは“あなた個人の幸せ”とかよりも、どうすれば地球の次元が上がるか、全体性が向上していくのか、といったことばかりだから、“one for all”の精神を持ち合わせていない人にはこの“ラブラドライトの使者”の役は務まらないかもしれない。

ただ、この石に無性に惹かれたなら、それはもうあなたにもその資格があるということ。宇宙のかけらと目があった時から、あなたはもうラブラドファミリーの一員なのだ。地球改革隊の一員として、これからも“メッセンジャー”として励んでもらえれば嬉しい。

By宇宙より。

OPAL

● オパール ●

疲れ切って乾いた心に“潤い”と“幸福感”を再インストール

Color	ホワイト、イエロー、ピンク、ブルー
Country of origin	オーストラリア、メキシコ、ブラジルetc.
Key word	ポジチェン!、希望の光
Well together	5ハウス [♌]

〝ポジティブシンキング〟という言葉がある。ネガティブな事象を〝ポジティブに捉え直す〟とか、別の視点からみたりすることで人生が豊かになるというのがそのコアコンセプトだとすると、おそらくここで紹介するオパールは**波動そのものをポジティブなものへと自動的に書き換えていく、〝ポジティブ変換装置であり、ポジチェン（ポジティブチェンジ）バイブス〟を持っている石**だといえる。

　ボディに現れる多色の輝きは雨の後に空に描かれる虹のよう。また、太陽に向かってカメラのシャッターを切ると赤とか黄色とかオレンジのハロのような光が映り込むことがあるが、この石も同様にそういった眩い閃きを反射し、万物をキラキラさせていく特性を持っている。

　こういった特徴的なヴィジュアルだけみてもこの石がたいそうおめでたい波動を帯びる、いや、〝全身で表現している〟石であることがわかろうというものだが、実際、オパールは**まるで陰なところを感じさせない、あふれんばかりの陽の気・波動を持っている石**だ。学生時代を振り返ると、なんでもかんでも〝笑いのネタ〟にしてしまうようなひょうきん腕白ボーイがひとりぐらいはクラスにいたものだが、この石を見ているとああいう底抜けに明るい、クラスの人気者的存在を思い出す。

オパールはピンク、イエロー、ブルー等々、色々な色をベースカラーにもっている。それ以外にもたくさんの亜種・変異種が存在しているが、どのオパールもプレイオブカラーという遊色効果をもち、持ち主のマインドを明るく豊かな次元に引き上げる波動を持っていることに変わりはない。また、この宝石のもつキラキラとした"ラメのような輝き"は絵に描いたような希望の光そのもの。この石のレインボーカラーの波動は、持ち主をポジティブに、そして快活にさせる効果があるようにも感じられる。

話は変わるが、この世界はそれなりにハードなストレス社会だ。特に都市部においては過度な競争社会ともいえる様相を呈していて、ワークライフバランスをとるのが難しい。そうすると、"喜び"とか"幸せ"を感じる暇も"自分自身の内側にうずまく感情を味わう時間"も自ずと減っていく。高度情報化社会等といわれて久しい。もはや50年前と比べても情報量・物量ともに比較にならないほどに今の方が多いので、自己の処理能力・器量を意識せずに過ごしていると簡単にキャパシティをオーバーしてしまう。またインターネットを通じて他者と簡単に比較もできてしまうし、外からの謂れない誹謗中傷や求めていないコメントが届くことによって不意に傷ついたりする等、過去の時代にはなかった心的外傷を生じさせる要因が増えているのが今の社会の特徴でもある。

そうすると、〝あれ、喜びってなんだっけ〟、〝幸せって他の星の話かしら〟等と、〝豊かなこと・喜び・幸せ〟という大切な感情たちが、片隅に追いやられ、簡単に忘れられそうになることもあるだろう。そんな忙しない時ほど、また、そういった競争社会の闇に自分が常に追い立てられていると感じる人ほど、この石のポジティブ変換バイブスを思い出してほしい。そして風邪になれば風邪薬を飲んだりするように、寒ければカイロを貼ったりするような気持ちで、気分に余裕が無い時や落ち込みが強い時、憂鬱な気持ちが生じた時にこそ、この石を手にとっていただければと思う。

〝喜びの波動のかたまり〟のようなこの石はきっとあなたの乾いた心に潤いを、戦いのモードに染まってしまっている心身に生きる喜びを、そしてなにより、幸福感を感じる感性を再びインストールしてくれるはずだから。

EYE AGATE

● 天眼石 ●

己の生き方を律し、最高の人生ナビゲーション力を発揮

Color	ブラック系
Country of origin	アフリカ、中国、チベットetc.
Key word	魔除け、厄除け、千里眼
Well together	12ハウス［♓］

いわゆる呪術的なアイテムというのはこの世にゴマンとある。おまじないレベルのものから本格的なもの、そしてものすごく手に入れにくい激レアなものから意外と容易く手に入るものまで、スピリチュアルな世界におけるアイテムは本当に幅広くある。ショッピングモールに行けばパワーストーンショップがあったりするし、お寺や神社では、お守りや護符を売っているし、広義で言うならハイジュエラーも幸運のモチーフのアクセサリをラインナップしているので、ここまで広げると、なにがしかのラッキーアイテムをもっている人も多いはずだ。

さて、そんな多様化するスピリチュアルな世界だが、ここでご紹介する"天の眼"と称されるこの石は間違いなく**"強力"な部類に属するシャーマニックなアイテム**である。

この石はその特殊な文様や石の波動特性から、**一種の法具といってもいい力を持っている。邪を祓う守りとして、先を見通す千里眼を授ける石として、人々に寄り添い、その力を付与してくれるのがこの宝玉、天眼石なのだ。**

眼のように見える文様から放たれるエネルギーは"睨みを利かす"ようにして邪を祓い、また、同時に仙人のように未来を見通すパワーを持ち主に授ける。そういったナビパワーを内包すること、安全・安心を担保する目をもつことから、交通安全の石としても優秀で、車の運転をする際に身につけたり、バイクや車のキーにストラップ等で付けておく等しておくと自ずと"事故から遠ざかる"のではないかと思う。

また、この石をじっくりと味見をすると、その強力なパワーのためか、持ち主にそれなりの気位というか生き方を正すことを求めるようにも感じる。

「私が守っているんだから、あなたはきちんとあなたの役目を果たしなさい」等と伝えてくるような、少々緊張感を伴う、ビリビリした波長を感じるのだ。決して欲に振り回されず、エゴを暴走させず、自分を律して、中庸でいること。それさえできればこの石は本来の力を発揮し始める。そして、あなたを全力で守り、また最高の人生ナビゲーションをしてくれるに違いない。

COLUMN

01

目に見えないもの、死者の波動から身を守る、そんな実話も

天眼石という石は数ある天然石の中でもある特殊なパワーを持つ石です。点眼石の特殊なお守り効果、それは“目に見えないもの、特に死者の波動から身を守る”というもので、その効果から、“生と死の境目”といった状況に身を置く方々によく処方をしていました。

事故現場や事件の現場等にいく方々は今日はなんか重いとか、ある所に差し掛かると急に眠気がやってくる等、そういう“副作用”みたいなことが起きることがあるのですが、この石をお渡しして身につけていただいてからは不思議とそういった副作用を感じることがなくなったりしたそうです。

また、この石で一周回したブレスレットを渡したある人等は、いつもよりもそういう現場にいても疲れにくく（憑かれにくく）なったり、体に変な反応が出ることも減ったということで、寝ている時もずっとつけているとおっしゃっていました。

ANGELITE

● エンジェライト ●

物質世界の誘惑・トラップからあなたを救い出す

Color	ラベンダー、ライトブルー
Country of origin	ペルー etc.
Key word	博愛、平和、依存症脱却
Well together	魚座［☼］

高尚な波動を湛える藤色の石、エンジェライトは天使の名前を冠した石ではあるけれど、この石の周りに羽を生やした天使が浮遊しているとか、天使を呼び寄せるため依代として機能するかといえば、どうやらそうでもなさそうだ。

ではこの石はどんな作用・波動を持つのかと言われれば、このエンジェライトなる石は、**天使という圧倒的に高い位置にいる存在ではなく、もっと身近にいる高次元の精霊と繋がるツール**。つまりエンジェル・天使等という高尚なものではなく、もっと人間に寄り添う優しく穏やかな存在、つまり**その土地を生きる精霊たちや、御先祖さまや守護霊といった、そういうもののエネルギーを召喚できる石**なのである。

また、この石は**〝博愛とか平和〟とか全体の調和を図る石であり、精神性を高め、第6、7チャクラを活性化**させる。個人の欲求とか物質的な欲求の暴走を抑えるような働きも期待できるから、欲求を抑えられないとか何かの依存症があるような人にもお勧めだ。自制心が芽生えて、もっと〝精進〟したくなる等、物質世界のトラップ・誘惑にもう惑わされない自分へと変わっていけるのではないだろうか。

ALEXANDRITE

● アレキサンドライト ●

表舞台に立つ私・素顔の私、2面性をもつ人を徹底サポート

Color	レッド、パープル、ブルー
Country of origin	スリランカ、ロシア、ブラジルetc.
Key word	表の顔をサポート、素顔を癒す
Well together	10ハウス［♌］

アレキサンドライトは数ある石の中でも、ある際立った特徴をもつ石である。

普段は青緑の〝お澄ましさん〟なこの石は、太陽光に照らされると青緑に、蝋燭や白熱灯の光に照らされると色調反転、なんと赤く輝くのである。つまり、簡単に言ってしまうなら、昼間と夜でガラッとカラーチェンジをするという、世にも変わった特徴をもつ石なのだ。そんな〝夜には別の顔を見せる〟という強烈な二面性をもつのがアレキサンドライトの特徴だが、触れていて感じるのは、実はこの石は〝貴人専用サポーター〟なのではないかということ。

例えば、我々が生きているこの社会では〝立場が上がれば上がるほどに自由になる〟…と思われがちだが、特定の領域を除き、自分の自由度が上がるということはあまりない。むしろ発言や行ける場所、人付き合い等が制限されることも多く、なんなら〝社会的立場が上がれば上がるほどに不自由になっていく〟とすら言えるように思う。

例えば、〝発言力〟のある人が、ちょっとした不満や愚痴とかクレームをネット上で呟けばその対象（発言者も）が炎上してしまったり、営業ができなくなる等は、昨今よくネット上でも見かけられる事象であるし、ロイヤルファミリーや著名人等も顔も名も知られていることから一般とは違う入り口から案内される（テーマパークとか、電車とか、色々）という〝普通とは違う〟動線が用意されるだろうし、人だかりができたりセキュリティの都合から、飛行機のエコノミークラスや新幹線の普通席に座りたくても座れない（結果、コストも高くつく）とか、宿もそれなりのところしか泊まれないなんていうことも常であろう。

「金持ち喧嘩せず」というが、あれは〝お金があって、お金で解決できるから喧嘩をしないし、喧嘩にならない〟という意味もあるが、金がある＝関係者、知り合い等が多いため、関係を壊さないために喧嘩腰になりたくてもなれないということを示しているのだと思う。

いついかなる時も声を荒らげず、クールフェイスでいなければならない。自制心が試されるというのはいうは易し。名がある・力があるというのは、なんだかんだストレスフルで、行動にも制約・制限がかかることもあり、実はとても負荷のかかる生き方ではないかと推察する。

アレキサンドライトの昼間の顔は冷静なクールビューティ。

そして、妖艶／パッションあふれる夜の顔。

人から常に見られる立場の人、一挙手一投足が組織や国や団体の命運を左右するようなポジションの人、外でのストレスにさらされ続けている人、そういう人たちは公と私との2つの面を持つことがとりわけ重要に思える。

社会性全開のｏｎと素顔を見せるｏｆｆ。この2面を使い分けることで公の自分と私の自分をうまく切り分け、人としてのバランスが保たれるのだろうと推察するが、最初から真反対のバイブスをもつこの石はきっとそういったステータスの人にこそ大いに役立つはずだ。

表の顔を際立たせ、お役目を全うするための超絶サポートをする貴人、青。裏の心をしっかり癒して、翌日に嫌なことやストレスを持ち越させない癒しのカリスマ、赤。２つの側面から持ち主を支え、そして、癒す。

ハイステータスの人にとってこの石ほど最良の友となれる石は他にないのではと思っている。

IOLITE

● アイオライト ●

目的や道標のない人生をパワフルに誘う、凄腕・道先案内人

Color	バイオレット、ブルー
Country of origin	スリランカ、インド、ブラジルetc.
Key word	心魂身の一致、チューニング、スコープ
Well together	双子座［☾］、1ハウス［☊］

アイオライトはブルー、バイオレット、クリアブルーの色をした石で、他のブルー系同様にこの石も6、7チャクラを活性化すると言われている。ただし、この石の波動特性のウリはなんといっても持ち主の"心・体"を一致させるような波動にあるのではと思う。

心と体。

言葉にするととても簡単なワードではあるが、この二つが"ピタッと一致している"、ないし、精神、魂、体が三位一体となっている方は一体どれだけいるだろう。また、この三つは一致させていくこと自体が悟りとか、人生のゴールのように言われたりもするが、この石、アイオライトはこの**三つの要素をうまく調律・調整し、自然に三位一体の状態へと私たちを誘導するチューニングストーン**としての顔をもっている。「心魂身を一致」させるそのプロセスはあくまでやさしく紳士的なもので、**自分本来の魂の目的をしかるべきタイミングでポッと思い出させたり、心と魂の解離を徐々に無理なく解消したり、付着している世俗のモヤを取り払ったり、ぞんざいに扱われている体の声を拾い上げたり…**なにかと"一致のための雑事"を全て行ってくれる、とても優秀な調整やさんでもあり、魂の修行ロードを邁進する私たちに常に寄り添ってくれる伴走者、またはカリスマセクレタリーのような働きをするのが、この紫の宝玉・アイオライトなのである。

また、そういった〝心身一致〟の効果なのか、嬉しい副作用というべきか、この石は**〝迷いをかき消していく作用〟をもつ**石であるとも思っている。心と頭がクリアにつながることで、世間のあれこれに惑わされず、すぐに〝これ！〟という選択をすることができるようになったり、第三の目が開くことで自分の心の底が以前よりもはっきりと見えやすくなるから、というのが〝迷いがなくなる〟理由だが、人生から迷いがなくなるとはなんと〝嬉しい効果〟をもつ石だろうか。

アイオライトを観ているとよく思うのだが、この石にはスコープというキーワードがよく似合う。

また、魂というワードがよくなじむ石でもあることから、「ソウルスコープ」なんて別名をつけたくもなるほど、**魂の深淵を覗くためのスコープとして唯一無二の才覚**を持っている。

魂側からもこの石を通じて〝軌道修正の声〟を人間に届けられたりすることから、なるほどこの石は〝健在意識と潜在意識をつなぐ秘密の通信装置〟であったりするのかも…と思う。

そういった魂リンケージを深めるアイテムというのがこの石本来の役割であるとすると、冒頭に記した通り、この石が導きのカリスマであり、迷いカッターであるのも全て納得がいく。

そして、この石ははるか昔には海の男たち、特に北欧のバイキングたちにとって〝羅針盤〟のような石であったという。高性能なコンピューターが石の内部に入っていて、ナビをしていたなんていうことはまず考えられないし、石が自動的に光るなり動くなりして北の方位を示す！なんていうことも、当然起こり得ないだろう。だとすると、**この石が持ち主の直感力を高めたり、テレパシティックな力を開眼させるなりして、〝いくべき方向へと導いた〟と、そしてそういったことが重なっていくうちに、〝羅針盤〟といった効能やお守り効果が謳われ始めた**と考える方が自然だし、他に説明がつかないと思うのだがどうだろうか。

物理的な目標や道標が無い航海でも持ち主を港へと、または目的地へとナビをする凄腕の道先案内人（石）。そんな石をもったなら、これから先のあなたの人生には〝迷う〟楽しみがなくなりますね。

SPHENE

● スフェーン ●

表に出る仕事の人、本来の魅力開花ができていない人に

Color	グリーン系
Country of origin	オーストラリア、ブラジル、カナダetc.
Key word	拡散、起動スイッチ、成功
Well together	獅子座［☾］、7ハウス［☊］

スフェーンは数ある緑系の石の中でも少々特殊なパワーをもつ石だ。緑の石は通常、エメラルドやクリソベリルやプラシオライト、プレナイトに代表されるように"ハートチャクラ"に働きかける波動をもつことが多いが、この石は、そういったハートに対する作用のみならず、1~3チャクラといった**根元的な欲求とか、個性や本来の輝きを発散・放出させるようなバイブスを兼ね備えている石**なのである。

鉱物としてのスフェーンの特徴は、"ファイア"と言われるダイヤモンドのようにキラキラした虹彩をもつこと。緑のボディの中に（緑色ではないものもあるが）赤やオレンジや黄色といった、暖色系の光を内包していて寒色の中に暖色の光が融合された、陰陽和合というか、"欠けを補う"ような波動を感じさせるミラクルなストーンである。

そういった"和合"的な波動をもつ石であるから、**"自分らしく輝きたいがその方法がわからない人"、"本来の魅力開花をしたいが自信が無い人"、"自分が表に出ることが課題なのに一歩踏み出す勇気がもてない人"、"表に出る仕事において成功を求める人"に対しては絶大な力を発揮**する。

持ち主の本来の輝き、または、表出させるべき何かに向けてしっかりと光を当てて、内包しているお宝を認識させてくれたりもするだろう。

そして、著名になる、顔を売る必要がある等、"人気商売"の人にとっては言うに及ばず、最高の相棒として、傍からあなたに人気者ビームを照らし続けてくれるはずだ。あなたが目立つため、ありとあらゆる手段であなたを推し続けてくれる石、それがスフェーンなのである。

ただ、この石はいわゆる自分が好きなように生きられたらそれでいいとか、山でひっそりと自給自足でもいいから生活ができたらいい、その方が気楽でいいといった希望をもつ人をプッシュする力は持ち合わせていない。言うなればもっと俗世的な、"多くの人に自分を知ってもらえて、自分もその人たちと絡んだりして…"といった希望を支持する感じなのだ。

とにかく**自分の良さを知ってもらいたいとか、自分の作品を買ってもらいたい、自分のアートを見てもらいたい！といった、浮き世を極めたい！という願望を持つ人にとりわけ強く作用する石**なのである。

シンプルに表現すると、"わかりやすい意味での世俗での成功"、アイドルやカリスマになるためのサクセスロード。そういったわかりやすい"成功の道を駆け上がる"ための推進剤となるような力だといえようか。

また、**自分を表現しにくい、自分を打ち出しにくい、自分の意見をいうことに抵抗がある、欲しいものを欲しいと言えない……そんな人には是非この石に触れてみることをお勧めしたい。**

きっとこの石の"ファイア"が"あなたの奥底にある何か"に文字通り火を入れて、奥で眠る何かに起動スイッチを入れてくれるはずだ。

ただし、人によっては本当に自分が欲しているものは実は自分が一番避けていたもの、自分には一番縁遠いもの、または、自分がいちばん毛嫌いしていた偶像であった！ということに気づいたりするかもしれないのでご注意を。

ファイアの点火によって、そういう"本質・本音"に気づいてしまったら最後、もう後には引けないので、封印の扉の開け閉め＝「スフェーンを身につけること」には細心の注意をもってあたりたい。

SACRED SEVEN

● セイクリッドセブン ●

スター級の7つの石が集結したハイスペックすぎるストーン

Color	マルチカラー
Country of origin	ブラジルetc.
Key word	調和、運気全体の底上げ
Well together	天秤座 [☾]、3ハウス [☊]

セイクリッドセブンはスーパーセブンとも称され、究極の石と言えてしまいそうなパワーをもつ石でもある。スーパーだなんて名前からしてなんだかすごそうな石であるが、実際は**"スーパー"を超えて、ハイパーな力を持つエナジーストーン**である。なにしろ、7つの鉱物を1つの石の中にもっていて、しかもそのどれもが主役級ともいえる知名度・パワーを有することから、1粒・石で7つのエネルギーを得られるなんともスペシャルなパワーストーンなのである。

この石はブラジルのある鉱山で見つかった。それをアメリカの有名なヒーラー、メロディ氏がスーパーセブンという名前を付けたことからこの石のストーリーは始まった。氏の名前にあやかってメロディストーンとかセイクリッドセブンとも呼ばれたりもするが、実際のところ、7つの成分全てがブレスやカボション、ルースに入っているのを見るのは相当レアなこと。"原石自体はスーパーセブン"であるけれど、通常であれば用途に合わせてカットして使われるので、主に市場に出回っているものはサイズにもよるかとは思うが、2～4つほどの要素が入っているものが多いのではないだろうか。そのため、レピドクロサイトの強いものは赤みを帯び、ゲーサイトが多く入っているものは渋い見た目となり、アメジストが多く、カコクセナイトのインクルージョンが多いとアメジストエレスチャルのようになっていて、7つの要素が入っているわけではないが、でも"スーパーセブンと称されている"という、ちょっと不思議な石でもある。ただ、"オリジンはスーパーセブン"でも、カット・加工されていくうちに、見た目にはまるで違う石のようになっていき、それぞれの個体特性を表現し始める。なんとも稀有な石であるとも言える。また、それぞれのアイテムごとの効果・波動も"含まれている内容物"次第！ということになるので、そういう楽しみ方もあると考えるとファンやコレクターが多いのも納得だ。とはいえ、「スーパーセブンだから○○である！」という説明が実は難しいのだが、あえて効果効能を挙げるとするなら、**"調和をもたらす・運気全体の波動を上げること"**だといえそうだ。更にこの石本来の構成要素は、

水晶－オールマイティなお守り・波動調整効果

アメジスト－7、8チャクラに作用、精神安定と深い癒し

カコクセナイト－発想を高める・閃きをもたらす

ゲーサイト－忍耐と初志貫徹の力、やり通すマインド

レピドクロサイト – 活力アップ、エネルギー値を上げる
スモーキークォーツ – 霊的バリア、精神の浄化
ルチル – 豊かさのエネルギーを高める

という7つのものなので、それぞれの効果をみるに、**ほぼ全ての領域での波動アップ・開運効果があると**いえそうだ。実際、このような内情をみると、〝え、これがあれば他の石とかいらないいんじゃない?〟とか言えてしまうようにも思う(とはいえこの石の波動が合わない人も、見た目が苦手な人もいるので万人にお勧めというわけではない)。

この石を構成する7つの要素。そのどれもがエース級のパワーをもつことから、ある意味、この石は〝最上〟のパワーストーンの一つである。そういえば最上で全てがエース!と言えば、しばらく前の欧州にある某サッカーチームはあまりにもスーパースター揃いであることから、〝銀河系軍団〟等と呼ばれていたなぁと脳裏にフラッシュバックしたりするが、まさにこの石もそういったエース集団をギュッとまとめた、〝超銀河系ストーン〟だなぁ、と感じている。…が、お値段も同様に銀河系!なので、そこが文字通り、玉に瑕であったりもするのだけれど…。

GIBEON

● ギベオン ●

地球上のヘンなしがらみから解放へ導く、宇宙からの使者

Color	グレー、シルバー
Country of origin	ナミビアetc.
Key word	魔除、解放、しがらみ
Well together	11ハウス [☊]

数百種あると言われるパワーストーンの中で波動的に最も"宇宙そのもの"といえるのが、この石「メテオライト」ではないだろうか。産地の名前をとり、「ギベオン」ともいわれるこの石は、「ウィドマンシュテッテン構造」という特殊な紋様をもち、ヴィジュアルと重さ（だいぶ重い）を唯一無二の特徴とする宇宙隕石である（正確にはニッケルと鉄を主成分とする鉄隕石）。このギベオンのパワーは見た目同様に非常に特徴的で、一般的には価値観の転換とか才能を引き出す等と言われている。ただ、個人的に一番強く感じる波動は、**"地球的な概念（人間社会の概念）からの解放"**というものである。

少々脱線するが、この地球は本来、人間たちが豊かに暮らしていけるだけの富とか豊かさをもつ惑星だと言われている。ただ、ある国際NGOによると、地球の富・豊かさの82％は全人類の1％の富裕層が所有するといわれていたりもするように、"地球からのギフト"が満遍なく分配されているとは言い難い。これは今現在、この地球上の主要な国々で採用されている資本主義経済が行きすぎた結果とも言えるし、地球のキャパシティとか宇宙的な理を無視した、人間中心主義に世界が傾きすぎているから起きていることだとも感じる。資本主義、なかでも永遠に豊かさを増やしていく考え方は利便性が高まる。便利なものが次々登場するという面ももつが、また、〝過剰な競争〟を生み、それに並行して過剰労働、過剰生産、過剰な格差が発生するという側面ももっている。そして、それらはこの社会に多くの廃棄物や汚染物質等をもたらし、また、過労死等、深刻な労働問題を生み出したりもしている。本来、そういうもの・ことは宇宙の理から外れたところにあるもので、実はそれらはこの地球の自然体系の中にはなかったものであり、虚構・集団幻想であるとも言える。

誰が言ったか、「人はよし悪し関係なく、繰り返し言われていることをそうだと信じるもの」だという。それはつまり、そういうルールなのだと言われ続ければ、人はそれをいつの間にか〝それがこの世界であり、世界のルールなのだ〟と勘違いし、気づけば無意識に宇宙のレールから外れてしまうということもありえる、ということだ。実際、コースアウトしている人は今のこの世界には相当数いるのではと思われるけれど、そういった**〝人類のつくった人類のためだけのゲームルール〟からの解脱を促す、つまり、本来の宇宙的な存在として**

のあり方に意識を戻してくれるのが、この宇宙隕石、ギベオンの真骨頂でありお役目ではないだろうか。宇宙からやってきた隕石は、まさに宇宙のかけら。**この石のもつユニバーサルな波動はもつものの視座をあげる。**そのため、この石は**本来の宇宙的な価値観を、地球生活をしていくうちに忘れていった人たち、つまりは"エゴイズム"を強く打ち出すようになってしまった我々に、再インストールしてくれるパワーストーン**であるように思う。

また、この石のもつ特殊な紋様自体が魔除になると言われることもあるが、紋様はたしかに特殊ではあるのだけれど、**この石自体がすでに相当な"高波動体"なので、地球に蠢く低波動をそもそもよせつけたりはしない。**"魔除"でもあり"視座上げ"でもあり、人間社会との、いい意味での最適な距離感を取り戻させてくれることから、**"ある特定の、苦しみの沼"にハマった人、人間関係やしがらみや固定観念に縛られている人、そういう人にはこのメテオライトを勧めたい。**身につけた途端、意識が成層圏まで飛んでいき、宇宙での記憶を思い出し、地球人としての自分の役目に開眼する…なんていうことがあなたにも起こるかもしれない。

BLUE TOPAZ

● ブルートパーズ ●

自分の中の"迷い"から光射す方へ、最短距離で導く

Color	ブルー
Country of origin	ブラジルetc.
Key word	内省、開眼、発見!
Well together	射手座[☼]

透き通った透明度の高い海や川のような色をしたクリアブルーの輝石。この石の波動は水が大地に染み入っていくように、私たちの体の中に染み渡り、私たちの本質的な欲求までたどり着き、それを浮上させる働きをもつ。

その欲求とは〝楽して稼ぎたい〟とか〝玉の輿に乗りたい〟といった類のものではなくて、〝魂そのものが欲している何か〟、〝この世に生まれたからにはやってみたいこと〟といったレベルの欲求のことだ。近年、量子の研究が進んでいるが、ある研究によると量子とは〝観測されること〟ではじめて動き始めるものであるらしい。聖書でもまず言葉ありきと言われているが、科学的にも〝認識がされたことはあることになり、認識されていないことは当然だが、ない〟ということが証明されたということは、ものすごくシンプルなことだがとても深い気づきであると言える。

なぜなら、人がなにかを〝ある〟と知ったその瞬間からその人の人生にはそれが〝ある〟設定になるということは、よく、〝かなわない夢は見ない〟等とも言われるが、そういう格言たちもがこの理論を介在させることによって途端に夢物語ではなくて、〝実現の可能性があるヴィヴィッドなもの〟として認識され始めるからだ。

本当の引き寄せバイブレーションを始動させる。それは”本当に望むもの“を知ることから始まる。魂が望むものがわかれば、リアルにその光景を思い描くことができたなら、それはもうかなったも同然。いつしか、それなりの時はかかるかもしれないが、”あなたが真に欲するもの“があなたのもとへと届くだろう。量子の世界のことから得られる学び、それは何かを得るには外を探索して回るのではなくて、まずは内側から整理してみようということ。

内側にあるものを見定めてから外に向かえば、”欲するもののぶれ“もなくなる。

とはいえ、現代社会というのは外からのインプットが多過ぎて、気づけば外部情報で自分が埋め尽くされていた！なんてことがよく起こる社会だから、内観を始めてすぐに何かやりたいことや欲しいものが見つかる！という人は少数派かも。

そのため、定期的にデジタルデトックスや一旦内側を見返すという、”御心の棚卸“をしてみるのはどうだろうか。なぜならそれが、内部に溜まりに溜まった情報が積層されたかたまりや感情の澱等を外部の衣と一緒に脱ぎ去って、自らが欲するものへとたどり着いていく、最短にして最良のルートのはずだから。

そして**内観の海に潜る時には是非、この石、ブルートパーズをお供にもつことをお勧めしたい。**

なぜならこの石、ブルートパーズは〝**探し物を見つけるのが得意な目**〟**を私たちに与えてくれる、第三の目を開眼させる石**であるから。

あなたのなかのどこかにあるはずの、本当の気持ちや欲求、心願…、この石はそれら願いのかけらを探し出し、あなたにそのありかを伝えてきてくれるはずだ。

むやみやたらに、手当たり次第、情報収集するとか門を叩いていくのではなく、**知性をもって、人生という自分クエストに励みたい人、無駄を嫌い、最短コースで〝これだ!〟というものを見つけたい人にはこの石は最良のお供になるはずだ。**

ただし、〝この石の目〟が見つけてくるものが、あなたにとっては意外なものかもしれないという、サプライズもときたま起こるかもしれないけれど……。

FLUORITE

● フローライト ●

滞った気の流れを廻らせ、閃きを授ける救世主

Color	パープル、グリーン
Country of origin	アメリカ、イギリス、カナダetc.
Key word	循環、繋がり、廻り
Well together	11ハウス［♌］

赤い糸、虫の知らせ、テレパシー、天啓……。

　表現の差はあれど、世の中にはきっと見えない糸というものがあって、お互いに電波やシグナルのようなものを飛ばして繋がっていて、影響を与え合ったり、呼び寄せたり、感化し合っているのだと思う。

　糸、気、電波……最近だとBluetoothとかWi-Fiとかそういう感じかと思うけれど、繋ぐメディア・方法自体は別になんでも良いのだが、目には見えないもの・情報が流れるシークレットハイウェイみたいなものがこの世にはあって、そのチャネル上にどれだけ意志や希望や願望や思いを流せるかということが実は願望達成の肝なのではないかと思っている。

　その行為は近年では引き寄せの法則とか、満月・新月のデクラレーションとか言われていたりするが、それも表現の違いがあるだけで、そのチャネルにどれだけ意志や願いや希望を込められるか、それもできるだけ精緻に思い描くことができるかということを表しているのではないだろうか。

　ここで紹介する石はその**大いなる目に見えない流れ・チャネルにあなた自身を繋ぐサーバー、またはルーターのようなもの。**

シークレットハイウェイに繋がるためのプロバイダー的な石はフローライトという。英名はfluoriteと書くのだが、私は個人的には蛍光を表すフルオよりも、"つなぎ・流れ・大いなるものに委ねる"といったこの石の波動特性からflow-rite、「流れを司るもの」というほうがピンとくるように思っている。情報ハイウェイを開通させて、そこに持ち主の願いを乗せていく。大いなる引き寄せを起こすために、持ち主のためにチャネルと人の世界を常につなぐ、多次元接続装置、それがこの石の本質なのかと思う。

また、この石のパワーとして**閃きを下ろしてくる**というものがある。見えない世界と人を繋ぐということは、"クラウド"のような集合知にアクセスできる権利を有しているということでもある。この石はネットの世界で言うなら、グーグルやウィキペディアのようなものに常時繋がっているような状態にあることから、**持ち主が必要な物ごとや知っておいたほうがいいな〜と思うこと、それらを瞬時に現実世界に手繰り寄せたり、パッと脳裏に閃かせたりする。**その様相は石の効能を知らない人からすると、「え、天才なの?」とか、「物知りだね!」といった風に思うかもしれないが、それこそがこの石、フローライトのパワーであり、また、この石が天才の石と言われる所以でもある。

廻り・循環・繋がり。

そういうものを強化するパワーを持つフローライトだが、この石を味見した結果、一番得意なケア系パワーはおそらく、リンパの循環であろうと実感している。リンパは波動的に見ると"気が濁るとか気の負担が大きい"と停滞・詰まりがちになるが、フローライトは**"気の廻り"を最高に活性化させる石**のため、詰まりの解消や循環の改善には最高の石ではないかと思う。気遣い屋さんであったり、人に気を使うばかりでどうにも自分の主張ができないとか、いつも営業スマイルをしていなくてはならない等、対人接客業を中心に敏感な人や気枯れが酷い人にはこの石を持ってみることをお勧めしたい。

紫や緑、または他の亜種もあり、バリエーションに富んだ石でもあるが、まずは基本のグリーンのフローライトを手に取ってみて、その"流れ"の具合をチェックしてみて欲しい。体のなかになぜか不思議な風がそよそよと吹いてくるのを感じられるはずだ。

KYANITE

● カイヤナイト ●

なかなか変えられない慣習を断ち切り、新世界へ連れ立つ

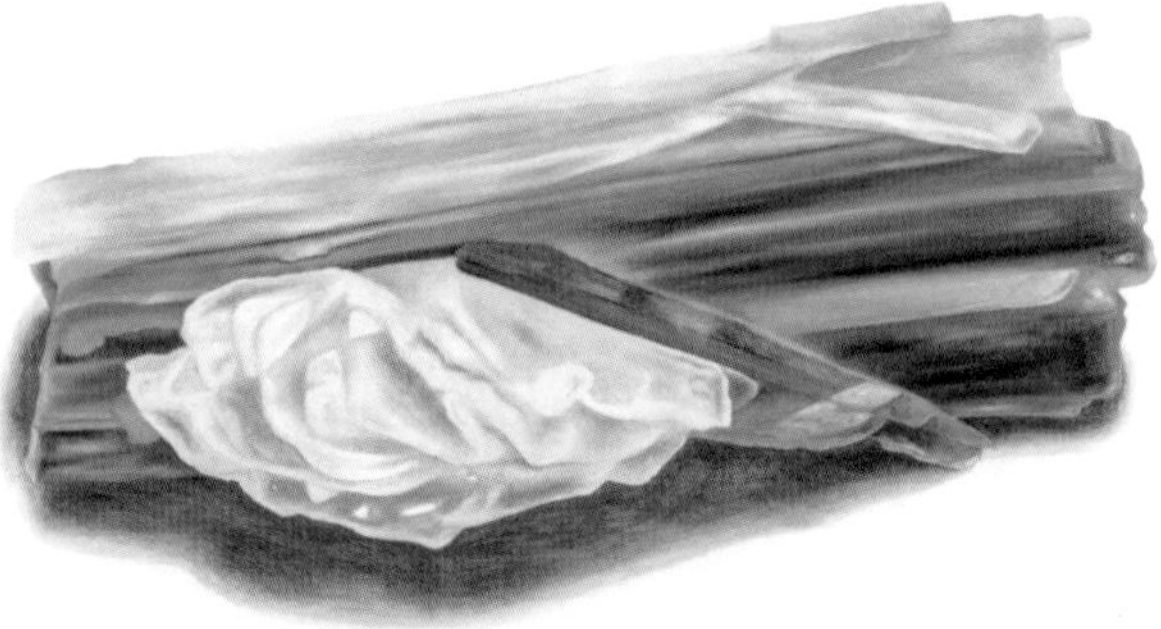

Color	ブルー
Country of origin	ブラジル、インドetc.
Key word	決断、強い意思
Well together	双子座［☾］

新しいことを始める時は、誰しも不安を感じると思う。恐怖、不安、心配…その手の感情をまったく抱かないという人はきっと皆無であろう。また、新しい環境に身を投じたくても今までの慣習や諸々が邪魔してなかなか新世界にダイブする踏ん切りがつかないという人もそれなりに、というか、少なくない人たちがそう感じているのでは、と思うがどうだろうか。もし、そういう不安を断ち切り、不要な執着や依存のようなものを取り去り、また、新世界へダイブする背中をバンと押してくれる魔法のような石があるとしたらどうだろうか？手にしてみたい！と思う人はきっと相当数に上るのではないだろうか。石の世界にはとても切れ味の鋭い波動を帯びる石がある。**研ぎ澄まされた日本刀、それも銘打ちの名刀のような威厳を感じる執着・ご縁カッター、それがカイヤナイト**である。深きブルーのボディを持つこの石は居合の達人のような雰囲気を携え、常に〝リアルの輪郭〟のみを見ている。当然、本質以外の諸事には目もくれない。そのため、持ち主との問答は例えば以下のようにだいぶ厳しいものとなる。

・・・

持ち主［以下（主）］「あのぉ、〇〇な感じになりたいんですけど…」

カイヤナイト［以下（カ）］「…なればいいんじゃない？」

（主）「え、でも、なんか怖いじゃないですか?!失敗したらどうしようとか思うし…」
（カ）「なに言ってんの？やりたいならやりな。リスクを取らないと何もできないよ。自分さ、甘いんじゃない？ハイリスクハイリターン、求めよさらば与えられん、泣かない赤子はミルクをもらえない、人生やったもん勝ち、先手必勝、鉄は熱いうちに打て！って言うじゃない？先人の言葉を信じて清水ダイブしたら？」
（主）「なんか冷たくない？まがりなりにもあなた、人を助けるお助けパワーストーンでしょ？」
（カ）「そうだけど、なにも犠牲にせずに何かを得ようとか、そんなことがまかり通ると思ってる？もしそうなら自分、もう石を持つ資格ないよ」
（主）「ぬぬぬぬ…」
（カ）「全ての物事には順序というものがある。スペースができるからそこに何か新しいモノが入ってくる。夏物を片付けるから冬物が入ってくる。的なね！だったらまずは出すこと、捨てること、一歩踏み出してみること！」
(主)「わかりました、わかりました！やります、やりますよ！
もう捨てまくっちゃうんだから！」
(カ)「やっとわかったか？自分、遅いよ。幸運の女神はまつげしかないって言うのになぁ～」
(主)「…ま、まつげ？前髪？のまちがいでは？」
(カ)「どっちでもいいじゃん！それぐらい一瞬でジャッジするべき！っていうことなんだからさ！」

・・・

これぐらいパキッ！と人生の局面で物ごとやライフイベントについてまわる各種判断の"ゲリ"をつける手伝いをしてくれる…かどうかはわからないが、とにかくこの石は癒し度の高いルックスとは裏腹に、かなりの切れ者度をもっているため、相応の背中押しをしてくれるのではないかと思う。やり手でシャープでキレッキレのクールビューティ、それがカイヤナイトの本質なのだ。**人生に行き詰まった時、最速で人生の棚卸しをしたい時、自力では切れないご縁がある時、カイヤナイトはきっと力になってくれるはず。**ただし彼女のドSな注文に耐えられる覚悟が持ち主にあるならば、ですが…。

AZEZTULITE

● アゼツライト ●

心の奥に刺さったトゲやトラウマをリセット

Color	ホワイト
Country of origin	アメリカetc.
Key word	クリアリング、許し、リセット
Well together	魚座［☾］

海外の高名なチャネラーが高次の存在とされる”アゼツ“なるものに導かれ、この石と出会ったとされる、なんとも不思議なエピソードをもつ石である。ただ、そのせいか、パワーストーン、鉱物の世界においてはこの石はまだまだ新人のルーキーなのに、はるか昔から存在していたような、独特な存在感をもっている。

そして、一見するとミルキークォーツみたいな乳白色の石であるが、ミルキークォーツのやさしいほわほわ～とした空気感とはまた完全に別物のオーラをもっていて、どこか異なる次元から出張中でしょうか？と問いたくなるほど”異質“な空気感を纏っていたりする。ちなみに、今でこそゴールデンアゼツライトとかピンクアゼツライト等、亜種や違うカラーのものもあるが、**この石は基本、白いものが最高であると思っている。なぜならこの石の波長自体が真っ白で純白だから。**

この石の持つ色、白。

世間一般では”白は染まりやすい“、”白は汚れやすい“とされている。

白いカットソーでも白い靴でも（両方とも私は大好きだけ

れど）汚れは目立つし、ソースなんて飛んできたものなら一発でシミになってしまう。ただ、そのセオリーはどうやらこの石には当てはまらないようである。いや、当てはまらないどころか、この石はよその色に染まっていく石ではなくて、この石の色を周囲に展開。周りにいるものたちを純白に染めていく石なのだ。

石の解説等を見ると“高い波長が全てのチャクラを開き、特にリンパ等をクレンズする”とある。その是非はさておき、**この石のパワーはまさに“自分の色じゃないものに染まっているものを一旦白く上書きすること”にある。**

絵の世界でいう“ジェッソ”みたいなもので、自分が思い描く自分像になるために、下にあるいらないものを真っ白にしていく、言い方が適切では無いかもしれないけれど、究極の下地材のようなものかもしれない。

過去生や過去からの癖を全て浄化して“まっさら”に、真っ白にしてくれる、クリアリングエンジェル。それがアゼツライトの真の波動。そういう許しと癒しのパワーがこの石の顔である“白”にぎゅっと詰まっているのだと思う。

純白の波動に埋もれたい人、トラウマ等をかき消したい人、今までのあれこれをリセットして、新しいbeing になりたい人、そういう人にはこの石はベストチョイスなはず。

過去の記憶を消すとか、いらないことを忘れるとか、こんな設定・技は今までも漫画やアニメ、ドラマとかで散見されたけれど、この石・アゼツライトはきっとそういうフィクションの世界でしか見られなかった、"禁断の白魔法"を発動させることができるだろう。

過去の傷もトラウマも、心に深く刺さったトゲも、そういったものはなかなかしぶといので、通常の浄化法やちょっとやそっとの寺社仏閣巡りやパワースポットに行ったりしたぐらいではとりきれないかもしれない。

ただ、この石は違う。この石の波動はいかなる不浄たちをも修正液のように、サーッと真っ白い波動で消すイメージがある。そういう上書きの魔法を使い、**人々の癒えない傷を無きものへと書き換えていく、クリアリングマスターであり、優しさの極地にあるもの、それがこの石、**アゼツライトなのである。

AMAZONITE

● アマゾナイト ●

一歩踏み出すための勇気、そしてヒントを与えてくれる

Color	ライトブルーグリーン、ブルー
Country of origin	アメリカ、ブラジルetc.
Key word	チャレンジ、解放
Well together	魚座［☼］

とっても落ち込んだ時、心身ともにキツイ時等、うつむきがちなそんな状況の時にふと顔を上げるとそこには境界線なき青空がある。

どうしても耐えられないことがあった時、むしゃくしゃした時、水平線が見たくなって海に出かける。

人間界にありがちな境界・際限は空にも海にもない。ただ、そこには果てしない無限の領域があるだけだ。海や空は、スキューバの装具や船や飛行機という道具が必要とはなるが、一旦その懐に入ると、人間界とはまるで異なる世界がそこにはあって、新しい視野や視点を人間に与えてくれる。

だから、そういうことを知ってか知らずか、人は疲れた時、空や海を見に行ったり、海とか空の絵とか写真を見て、癒されたりするのかもなとも思う。海は水面に空の青を反射し、どこまでも受容的で絶対的な愛をその身で体現している。

空はころころと表情を変えて、時に雲で陰りを作り、またある時には降雨により地表に潤いをもたらしたり、雷を轟かせ、地表を整えたりする。

ライトブルーグリーンからブルーの色味をその身にもつ**アマゾナイトはそれら母なる海や父なる空の要素を内包してお**

り、持ち主に"際限のなき無限の可能性や希望をもたらす"作用をもつ。そのエネルギーはまるで、自由気ままにわがままに、空を泳ぐ青龍のようなもの。特にアマゾナイトのブレスを腕につけると一筋の空のかけらが腕章となって腕に巻きつくような感覚を覚えるだろう。

ペンダントトップとして胸周りにつけると、聖母的な慈愛あふれる穏やかなバイブスに自分のハートが癒されていくのを感じたりするかもしれない。空や海に輪郭というものが無いように、ブレスやチップ、タンブル、ペンダントトップと姿形をいかようにでも変え、**人間たちに、人生の可能性を広げること、制限を解除していくための許し、また、広がっていくバイブスを伝播しようとする。**それがアマゾナイトが"希望の石"なんて言われる所以であり、アマゾナイトをつけると"チャレンジしたくなる"理由なのかもしれない。

話はそれるが、この世界は集団幻想でできている。Aには価値があるとされて、それを皆で共有するから"Aには価値がある"ということが社会という器の深層心理に刻まれる。その代表選手は勿論お金であるが、民間伝承を含む習慣や風習もそれに含まれるであろう。今までずっとこうだったから。

ウチの家の伝統だから。常識だから。これが普通だから。

でも確実にそれらを刷新していく、"今までの常識とか当たり前をぶち壊していく"パイオニア的な役割を担う魂たちも存在している。そういう魂たちは"普通"に縛られた窮屈な状況に我慢がならず、イライラがつのったり、現状打破したい欲求にその身を焦がすかもしれない。また、家柄とか責務とか伝統とか、どうしても破れない硬いバリアがあるように感じている人たちもいるだろう。

そんな時はこの石に問いかけてみて欲しい。流石に翼をはやし、どこかに飛び立っていける…なんてことは起こらないけれど、**一歩踏み出すために、どこかにかかっている南京錠の鍵を一つ、あけてくれたり、そのヒントをくれたりするはずだ。そうしてあなたは封印を解除し、扉を開けて次に進み、自由な次元へと己を解き放つ。**

その後、あなたの通ったところは道や航路となり、そしてそこを後進たちが進んでいくこととなるだろう。

ANDESINE

● アンデシン ●

上空から世の中の色々を俯《ふ》瞰《かん》して見られるような平常心に

Color	ブラウン、ホワイト、グリーン
Country of origin	チベット、モンゴルetc.
Key word	祈り、希望、千里眼
Well together	射手座［☾］

瞑想やマインドフルネス、座禅や各種ヒーリング（メソッド）、そういうものが今急速に地球上に広まりつつある。宿にはZEN-ROOM的な瞑想用の共有スペースがあったり、マッサージやSPA等でもアーユルヴェーダや量子・波動療法やおまじない的なリチュアルを取り入れた施術が多く見られるようになったりする等、リアルとスピリチュアルの融合が驚くべきスピードで進んでいる。

そんな自分と向き合う術・マインドセットが世界中で広まっている昨今ではあるが、実は瞑想が苦手という人もそれなりにいらっしゃるのではないだろうか。

瞑想状態とはアルファ波、シータ波、デルタ波へと脳波をシフトすることで起こる。瞑想以外でも座禅、写経やヨガの呼吸法等で心を鎮め、心体一致をはかれればそれで良いし、また、ジョギングやスポーツ等で"ゾーン"に入れる方は脳波が変わるのを体験できるので特に瞑想・座禅にこだわらずとも良いと思う。ただ、スポーツもしないし、瞑想も座禅もしないしできないし、ゾーン状態とか言われてもわからない！でも、そういったマインドフルネス的なものは取り入れたい、やってみたい！という方はいったいどうすればいいのだろう。

瞑想が苦手な方！または、もっと深く瞑想状態に入りたい方に朗報がある。ゾーン入りするためのスイッチャー、もっと深く潜っていくための絶好のお供が、実はここにある。それが、こちらの石、アンデシンだ。

アンデシンは茶褐色、白、緑と色々な種類があるが、ここでは一般的なアンデシン全般について綴っていこう。

もともとはチベット等で聖者の石として扱われていたアンデシン。その"聖者の石"なる呼称からもわかるように、**とても高い波動をもつ石であり、山奥の聖地に建っている御堂の中に入った時のような、圧倒的な静寂と浄土感のようなものを感じさせてくれる、なんとも不思議な石である。**

また、**波動の根底に感じるのは祈り。**もしこの石の波動も観測できる成分分析器にかけたならば、この石の主成分は祈りなのではないかと思うほど、この石から感じる"人類とか地球へ向けられた希望、温かさ"がなんとも奥深く、この石を持つたびにかつて感じたことのないような絶対的な安定感を感じさせてくれる。

そして、この石のまた別の特徴でユニークなのは**"圧倒的な観察眼"を持ち主に授ける**というもの。傍観者の視点・観察者の視点というとわかりやすいかもしれないが、渦中にいると人は冷静さを欠いたり、適切な判断ができなくなったり、ついヒートアップしたり、感情移入したりしてしまいがちである。そんな時に役立つのがこの石、アンデシンである。

この石は持ち主に〝宇宙的〟な視点を授ける。そして、**人の世のあれこれをはるか上空から観察しているような心持ちにさせる等、物事を限りなくニュートラルに捉えることを促してくれる。また、6、7、8チャクラに作用するので、スピリチュアルな感性を育みたい人、千里眼的なものを開眼させたい人、真贋を見極める眼力を得たい人にとっても、この脳波のコントロール術を伝授するサイキックストーン、アンデシンは実によきパートナーとなる**のではないかと思う。

ただし、聖者バイブスが強過ぎて、俗世的な熱狂とかハメを外す!!といった俗事とは距離を感じてしまうようになりがちだから、適宜この石を外し休ませる等して、達観モードばかりでいないようにする等、この石をもつにはそれなりの工夫が必要かもしれないけれど…。

SHAMANITE

● シャーマナイト ●

潜在意識や異なる次元と交信するシャーマン

Color	ブラック
Country of origin	アメリカetc.
Key word	お守り、死生観
Well together	蠍座［☾］、8ハウス［☊］

色が無いことで、何ものにも染まらず・左右されず。

無味無臭なことで、存在も目立たず。

静かに優しい視線を地球と人類にむけて投げかけている。孫たちを慈しむ祖父母のような佇まいで、慈愛に富むエネルギーを感じるのが長老の石・シャーマナイト。

その姿は決してエース級の輝きを放つ所謂ギラギラした石ではないし、インクルージョンも鮮やかなグラデーションもないから最高ランクの人気を誇る！ということもない。失礼を承知であえて表現するなら、地味で無骨な石だと言える。

だがそれがいい。熟練の職人がもつような渋い佇まいがまた何ともよき魅力となっているのだ。

そういったいぶし銀なところが実に玄人好みであるから、色々な石を経てきた石好きたちにこそ一度手に取ってみてほしい石だと思う。

いつの時代も裏方とか黒子といった"影"の役割を担うものは存在しているが、この石はおそらくその代表格のような石だと思う。なぜなら**この石が扱う領域とは**"**表の世界とは異なる世界**"**つまり、裏の世界について**だから。いわゆるこの世とあの世、または顕在意識と潜在意識といえばわかりやすいだろうか。この世が表ならあの世が裏。**この石はいうまでもなく他にあまり例が無い"裏側"の世界のほうをメインに扱う石であり、そういった異なる次元との交信を得意とする石でもある。**それゆえ"呪術師"＝シャーマンに由来する名前をもたされていたりするのだ。

実際、この石をもつと"次元の扉が開く"ような体感があるかもしれない。3次元世界のレイヤーとは違うレイヤーの物事を感じたり、見たり、聞いたり、普段使っていない感情や知覚がオンになっていくのを感じたりもするだろう。そういう感覚が必要ない人には"いらない"石かもしれないが、必要な人にはなんともありがたい石であるとは言えまいか。

この石は2005年という比較的近年から出回り始めた石であるが、まるでもっと昔から使用されていたかと思うほどに現代社会になじみ、あっという間に世界中のスピリチュアリストやヒーラー、セラピスト等に広まり、セッション等の現場で用いられているが、一般の方でも勿論この石を使うことはできる。

いわゆる**サイキックアタックやケガレチと言われる不浄の土地に対する防御として、また、アニマルコミュニケーショ**

ン等、言葉を介さない種族との交信のブースターとして、そして最後に死者の霊を身近に感じるため等である。

特に最後のものは非常に興味深く、〝死〟とか〝死生観〟といったものを扱うことを得意としているこの石ならではのものではないだろうか。

また、再び見た目に関わることで申し訳ないが、よくアニメや寓話で、〝ヴィジュアル〟が散々な道化等に神様や仙人が変化していることがある。神様は意外とお茶目でやんちゃなので、高尚な、いかにもわかりやすい〝神様然〟としている出で立ちよりも、現実世界ではそういうちょっと面白い演出を好んだりもするらしい。

あなたを守る、ちょっと地味な神様ストーン。このようにキャラが薄いからこそ、目立たず、どこにでも一緒に連れて行けるが、実はそういった見た目とは裏腹に、内部はだいぶやんちゃなパワーをもっているらしい。

IMPERIAL TOPAZ

● インペリアルトパーズ ●

意志が弱く、優柔不断なあなたに決定力を授ける

Color	イエローゴールド
Country of origin	ブラジルetc.
Key word	判断力、他軸、使命
Well together	獅子座 [☾]、5ハウス [☊]

薄いイエローがかったトパーズ。シャンパンゴールドともいえる色味をし、見た目はシトリンと酷似しているが、似ているのは見た目だけでその性質はだいぶ異なっている。陽の気を高めるのがシトリンだとすると、**"意思決定力"を大きく上昇させるパワーを持っている**のがインペリアルトパーズだ。

インペリアル（皇帝の）とついているのは歴史上の都合であるが、ただ、その波動はまさに**"王様然"としたもので、決定権・決定力を持つ人を奮い立たせる、モティベーター的なパワーのかたまり、それがこの石の波動特性**である。

そのため、会社の代表者、取締役、監督、「ディレクター」等、"仕切り"を担う人がもつことで、この石の力は大いに生かされ、持つ者の影響力を高めたりもしてくれるだろう。

また、この石は**"判断力・決定力を上げる"だけではなく、"活力を上げる"石でもあるので、憂鬱な気分に陥りがちな人、自分で決められない人、優柔不断になりがちな人、周りに振り回されがちな人にも良きサポートストーンとなる。**

ロイヤル〇〇、インペリアル□△等、「皇帝の」とか「王の」という冠がつく石はいくつか存在しているが、このインペリアルトパーズはその"王族貴族系"の石の中でも最も華やかで最もエナジー値の高いものの一つ。

そのため、ある程度、持ち主を選ぶようにも思うのだが、この石に吸い寄せられたり、惹かれたり、また石と目が合う等、この石から見初められたならきっと大丈夫。あなたにはこの石をもつ資格がある！この石をもつ人は、おそらく、

- ロイヤルな使命をもっている（人を導く、社会を改善・改革していく等）
- 慈善事業等を行う、慈愛に溢れ滅私奉公的な動きができる
- 人前に立つこと・そのあり方が多くの人をインスパイアする
- 自分の中にある品格高き生き方を実践していく使命がある
- センスとか理のようなものを伝えていく使命がある

というどれかにあてはまるはずで、もしあなたが”インペリアル・高貴な宿命“をもつなら、きっとあなたの懐にベストなタイミングでやってくるに違いない。そして、その時からあなたの”キング／クィーン“としての素質が開眼したり、急速に周りから求められることが増えたりする等、カリスマとして世に広く知られることとなっていくだろう。なぜならそれも一つの”高貴な役割をもつもの“の生き方であり、宿命であろうから。

地

【 GROUNDING 】

天然石はそもそも大地から採掘されるもののため
凝縮された大地のパワーをその内に湛えます。
ただ、このグループに属する石は他の石等よりも
更に強力な大地のエネルギーを持っていたり、
大いなる地球のバイブスがより強く感じられます。
大地のエネルギーを持ち主にチャージし、
持ち主にグラウンディングを促して、
私たちと地球との繋がりを再構築してくれるもの、
それがこの「地」の石たちです。

RUTILELATED QUARTZ

● ルチルクォーツ ●

波動をオールラウンドに上げる、高バイブスストーン

Color	ゴールドetc.
Country of origin	ブラジル、オーストラリアetc.
Key word	活力、パワフル、バリア
Well together	牡牛座［☾］

パワーストーン好きの人ならこの石のことをご存じの方も多いと思う。いや、パワーストーンのことをあまり知らない人にも、"お金持ちとか著名人が腕に付けている、ちょっと黄色っぽいごつい石"として認識されているのは、このルチルかタイガーアイのどちらかではないだろうか。

ただ、もしこの石のことを**金満ストーンとしてしか認識していないとしたらそれは大きな誤解である**。下戸の人にワイン愛好家たちが"もったいないね、こんな美味しいものが飲めないなんて"と嫌味を言ってしまうこともあるように、この石のことを理解しない、この石の波動を楽しまない、味わわないのは、人生における"楽しみ"とか"面白み"的なものを最初からいらないといっているようにすら思えてしまうほどに、この石ルチルはとにかく面白いパワーストーンなのだ。

この石の何がこんなに熱くさせるのか、いったいこの石の何が面白いのか！それは、ひとえに**この石の波動・パワーのわかりやすさにある**と思う。

まず、ルチルクォーツの中にも定番のゴールドルチル（金針入り）があり、シルバー、プラチナ、レッド、グリーン、ブルー…と、色だけでも相当なバリエーションがある。

また、"キャッツアイルチル"と呼ばれる、同じ方向をむいた細かな針が入っているものや、"エンジェルヘア"といわれるように極細の形状の針が入っているもの、極太の針が入っている"タイチンルチル"等、針の太さ・針の入り方・インクルージョンの有る無しによる多数のバリエーションがあり、文字通り多種多様な"ルチルだけの世界"が広がっている。

当然だが、ルチルの色や針の形状、針の数量が変わるごとにその波長も変化する。そのため、価格もピンキリで、同じゴールドルチルでも一粒500円のものもあれば、一粒1万円を超えるものも存在するなど、**針の形状や数や太さによって"パワーのある無し・グレードの上下"等、見分けがつきやすい**ところもまたこの石のいいところだと言える。

こういった見分けがつきやすい基準があるおかげで販売店も値付けしやすく、買う方も買いやすい。今の自分に合ったものがどれかとか、お店で比較検討しやすい石であることから、王様なのに非常に"色々な意味で明確でわかりやすい"、なんとも親しみやすい王様ストーンなのである。ただ、その波長は"優しい"とか"謙虚である"等とは見事にかけ離れていて、パワフルそのもの。

ルチルの色やグレード等に関係なく、一様に、**邪を祓うバリア、避雷針のように針の色・形状に同質・同調したものを引き寄せる性質、元気アップ、みたいな力を持っている**とされ、ほとんどの領域において"活性化"を促すとされるが、"霊性を高める作用"のみ、私見となるがこの石からはあまり感じない。

とはいえ、自分の波動を全般的に上げてくれることは(物質社会で)大いに期待できるはずなので、"初めて石を持つ"という人はまずこの石をもってみるのもいいかもしれない。血流のパワーは体感があるため、非常にわかりやすく効果測定ができるのではないだろうか。ルチルをつけ始める"Before"と身につけて1ヶ月後の"After"の差がいかほどか、メモにとる等してみるのも面白いかもしれない。

*ただ、この石をずっとつけていると働きすぎてしまったり、バリバリ頑張りすぎてしまったりすることも考えられる。ルチルのせいで過労してダウン!そこからの要リハビリ体になりました、というのではシャレにならないので、いくらこの石のパワーにはまったとしても、時には外して休ませる等して、"ルチル中毒"にならないことを肝に銘じて欲しい。

LARIMAR

● ラリマー ●

海のように広い度量をもち、安堵感で包みつつ開運へ後押し

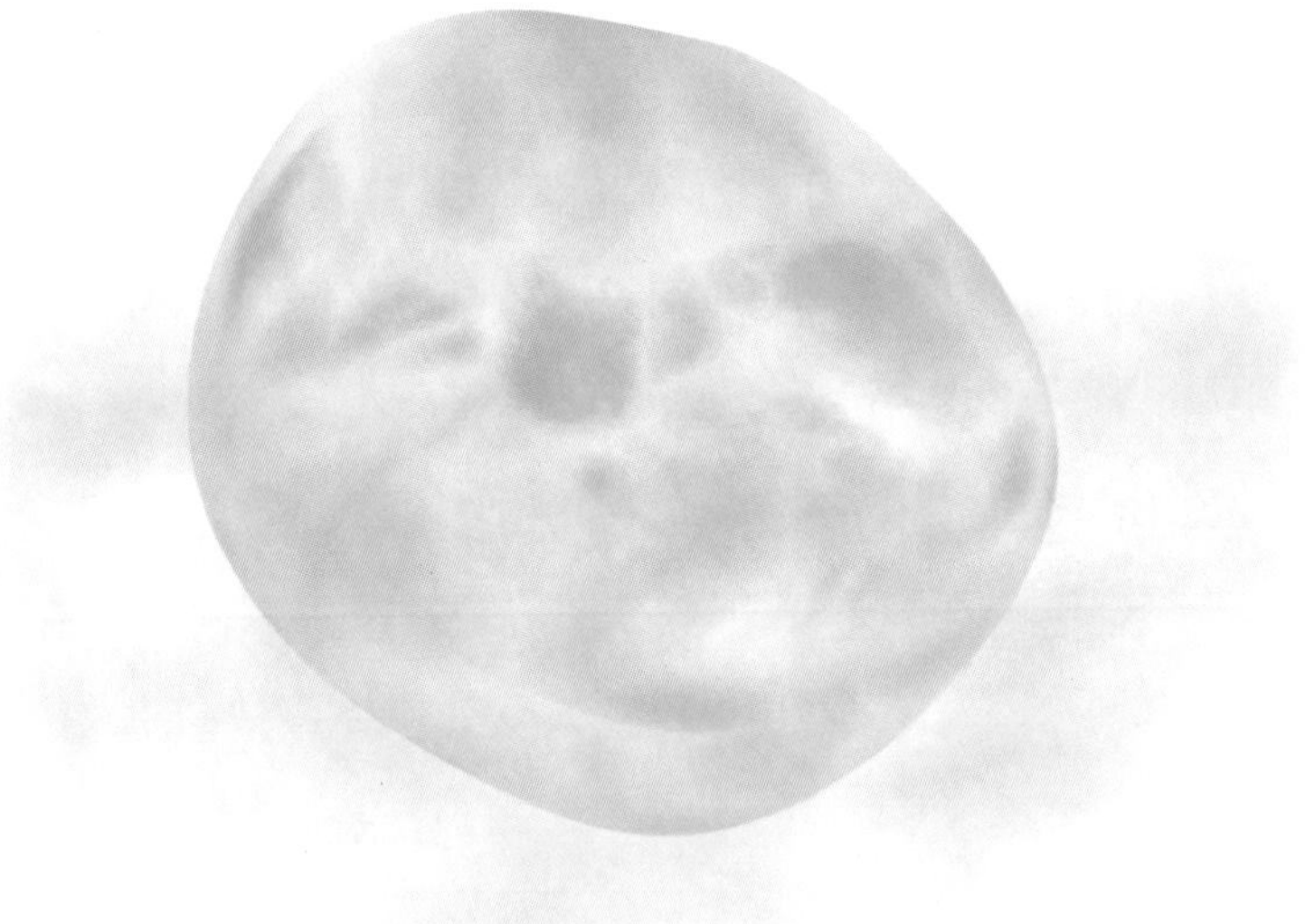

Color	ライトブルー
Country of origin	ドミニカ共和国、イギリス、アメリカetc.
Key word	自由、自分らしく、開運
Well together	魚座［☾］、9ハウス［☊］

十数年前にパワーストーンが流行った頃、ルチル、ローズクォーツ、インカローズ、ラピスラズリといった超有名ストーンと肩を並べるほどに人気があったのがこの石、ラリマーだ。そして、特に日本人に人気があったように感じるが、その理由がなぜなのか、少し考えてみた。

ラリマーが流行った理由。それはきっと、その抜けるようなライトブルーの輝きに魅せられて…というのも勿論あるだろうが、ラリマーの自由な波動に惹かれて、というのが実は主たる理由だったのではないかと思う。

みんな本当は自由に、自分らしく生きたい。

でも特に当時は同調圧力や社会に根強く浸潤している雛形にやられて、〝手枷足枷につながれている感〟を感じながら生きている人が多かった。そして、そんな窮屈な時代だからこそ、この石の持つ際限の無い自由さ、誰を何の枠に当てはめるでもないバイブスに憧れる人たちもまた、多かったのではないかと思う。そしてそれがラリマーが一気に人気ストーンの仲間入りを果たした理由ではないかと思っている。

この石の産地はカリブ海に浮かぶ国、ドミニカ共和国。そこでしか採れないこの輝石はブルーの文様が美しく、さながら"海"をそのまま石に閉じ込めたようなヴィジュアルをもっている。

また、ラリマーの産地であるドミニカ共和国自体は地上の楽園ともいわれている。そこに暮らす人々はあくせく働くことはなく、人間らしく、自由で豊かな暮らしをしていることから、"真面目で折り目正しい"といわれる典型的な日本人気質の人からすると、この石をもつことで**楽園のパワーを得られ、もう少し楽天的に、楽しみながら人生というステージを楽しむことができるようになっていく**のではないだろうか。色々な縛りから解放され、チャレンジングな生き方へと人生の舵を切ったりする等、もっと自由で野放図ともいえる生活を送る自分へと転身することさえもできるかもしれない。

開運の法則に"自分の持っている要素"と逆のものを取り入れてみるといいというものがある。

ラリマーの波動は前述の通り、日本のそれとは真逆のものであるから、**日本に生きる人々にとってラリマーは開運の石**と言えるはずだ。

土の時代の"壁"が壊されて、より人々が自由になっていく新時代、風の時代。2020年から始まったこの新時代は、それぞれが個性を打ち出し、自分らしく生きることが主流になっていくとされるが、とはいってもやはり"いきなり何もないところにダイブする・新しいことにチャレンジする"のは怖いものだ。

また、人間は恒常性をもつ存在であるから、新領域・新分野にトライするべきだとわかってはいても、簡単に今いるところを手放したりできるものではない。

ただ、そんなチャレンジしたいのにできない時に頼れるのがこの石ではないだろうか。

この石が**海のような圧倒的な"度量"をもつからこそ、何を始める時にも、何をする際でも、持ち主は"包み込まれる安堵感"をもてる**はず。

子供たちがこぞって高台から海に飛び込む時、"海があるから大丈夫"と絶対的な安心感を感じるように、この石もあなたの挑戦を応援し、全肯定であなたを送り出してくれるに違いない。

RUBY

● ルビー ●

覚悟を決めさえすれば一際目立つ存在へ最強の女帝がプッシュ

Color	深赤
Country of origin	ミャンマー、タイ、マダガスカルetc.
Key word	情熱、カリスマ性、勝利
Well together	蠍座［☼］

天然石には色々な波動をもつ石が存在する。数百はあるとされる石たちの中で最高位ともいえるポジションにいる石はいくつかあるが、その中で最も知られている石、ダイヤモンドを王様、ラピスラズリを大神官とするなら、この**真紅の宝玉・ルビーは女帝**であると言えるだろう。

圧倒的な品格、高貴さと情熱、そして香り立つような官能。決して媚びること無く、女を武器にすること無く、凛とした強さを放ち、その妖艶なカリスマ性で周りを魅了する。

ただし、気高い女帝・ルビーは他と同列にされるのを嫌う。お雛様でもなんでもそうだが、女帝というのは唯一無二の存在であり、重臣や側近たちと言えど、決して隣に立つことは無い。越権行為を嫌い、周りに気を使うことも無く、ひとり、凛と輝く、それが帝星ルビーの宿命。

その危険な魅力に魅せられ、女帝ルビーを身につけようと挑戦する者もあろう。ただ、心身を鍛え、波長をそれなりに高めた者でなければ彼女がその身を許すことはないだろう。

〝中途半端〟は彼女の辞書には無い。彼女を纏いたければ、王様・女帝になる等、圧倒的な輝きをまず自身がもつ必要がある。当然だがそれにはそれなりの覚悟が求められる。

また、凛と生きる決意が求められる。忖度も迎合も一国の主人である彼女の辞書には存在していない。それほど彼女のフィルターは厳しいのだ。

もしかすると、実は女帝ルビーもその強すぎる力を恨めしく思ったりしているのかもしれない。女帝は力があるだけでなく、また臣下のものを率いる指導力もピカイチで、当然財力も潤うが、なんといっても併走できるパートナーや友と言える存在が不在になりがちだ。

ここまで書いてふと思い出すのは、夏の夜空の真ん中をこれでもかというぐらい尻尾と鋏を広げて大きく陣取っている星座、蠍座とその心臓部で輝く一等星・アンタレスだ。蠍座のモチーフは神話において巨人オリオンをその毒で制した巨大な蠍とされ、この蠍は神々の中の女王・ヘラが放ったとされている。女帝が放った蠍はその波長が転写されているからなのか、夏の夜空におけるスーパースターであり、誰もが見つけられる星座である。

そして一等星アンタレスはまるで蠍の心臓は実はルビーでできているといわんがばかりに中央で赤々と輝き、夏の夜空の中心となっている。

蠍座のスター感、赤い妖艶な光、圧倒的な存在感は他には無いもので、まさにルビーそのものといえるものだが、それと同時に周りの存在をかき消してしまうような力強さをもっている。

超越的な銀幕のスターは光が強すぎて、"主役のみ"しか演じられないのと似ているというとイメージがしやすいかと思うが、**"帝王"として生きるということは1番以外が許されないという宿命を併せ呑んでいくということでもある。**

これはそれなりにシビアなことではあるが、1番を目指すもの、1番になりたいものからすると"そんなの全然問題ない"とすら言える些細なことなのかもしれない。

生まれながらの帝星も、これから帝星をめざす人も、この石と相思相愛になれたなら、星空のように数え切れないほどの人が跋扈するこの世界においても、きっと夏の夜空に輝くアンタレスがそうであるように、一際目立つ赤い星として強く輝くことができるに違いない。

SAPPHIRE

● サファイア ●

絶対に自分の味方でい続けてくれる守護神

Color	ブルー
Country of origin	ミャンマー、タイetc.
Key word	心の平静
Well together	双子座［☾］

もし私がサファイアに和名をつけるとしたら、静聴石《せいちょうせき》とか聖静石とか名付けていたかもしれないなと思う。

また、私がシズカという名前だとしたら、きっとこの石を自分の分身、お守りとして身につけるだろうなと思うほど、この石は他の石には無い〝静けさ〟の波動を帯びている。

静かな、というのはいつもウィスパーボイスで話しかけてくるとか、静けさを好むといった意味ではなく、動と静のほうの「静」の気を備えているとか、空手というよりは太極拳とか合気道のような雰囲気をもっているというとわかりやすいだろうか。

お寺の縁側で瞑想を行っている時のような、禅的な静かさ。そういう静寂と小宇宙をこの石からは強く感じてしまう。

静かに自分との対話が進む。持ち主を自分の世界に没入させる。そういった独特の静けさこそ、この青く光る宝玉・サファイアの真骨頂である。

また、静けさのバイブレーションは穏やかさにもつながることから、感情の抑制/コントロール力が高められ、心の平静が保たれることで心のささくれとは無縁な、まさにピースフルな状態を持ち主にもたらす。サファイア自体も賢者の石等と呼ばれることがあるが、**賢者というよりも、隠者・僧侶といった表現の方がよりぴったり**とはまりそうな気もする。

さて、そんなサファイアを身につけることをお勧めしたいのは、常にクールなマインドを持っておかねばならないポジションの人。例えば、会社の経営者は勿論のこと、政治にまつわる人、また、感情が乱高下して乱れやすい人、情緒が不安定になりやすい人といった属性の人たちである。

この石独特の僧侶バイブスが気持ちを落ち着かせ、メンタルの乱高下がなくなり安定・平静がもたらされる実感があるので、判断に迷いがなくなり、結果、ミスジャッジが減ったりもするだろう。

とはいっても、サファイアは世界4大宝石に名を連ねる石なのでそれなりに高価である。ただ、そのイメージや知名度とは裏腹に、パワーストーングレードであれば数万円を出さずとも手に入ることがあり、そこまで入手困難！ということも無いので、1粒、1ルースをお守りとして持ってみるのもいいかもしれない。

また、加えていうなら**この石は絶対に持ち主を裏切らない**。(他の石が裏切るという意味では決してないのだが）当たり前のことだけれど、人は裏切られるとか信頼が置けないものには〝真実を伝えよう〟とはしないはず……。でも、なんでもさらけだせる〝絶対に自分の味方でいてくれる存在〟が傍にいたとしたらどうだろうか。そんな自分の味方を身に纏うことで、守護神をもったように感じられて、絶対的な安心感が得られるとしたら……。意外にも自己開示がすんなりとできたり、想像以上に色々なことが、なんなら自分でも思ってもみなかったようなことが自分の口からポンポン出てきたりするのではないだろうか。

この青い宝玉は決して雄弁ではなく、むしろ寡黙な石である。ただ、色々な映像作品やサーガや寓話をみても、真の賢者とはあまり言葉を発せず、肝腎要なことしか口にしないものではないだろうか。この青い瞳には何が見えているのか。何をうつしているのかはわからない。けれど、いきなり雄弁に〝全てのお告げ〟を開示するということはせず、順を追って、あなたにあなたの真実を告げて、ゆっくりと〝あるべきところ〟へと導いてくれるはずだ。

BLOODSTONE

● ブラッドストーン ●

“血”＝生命エネルギーを補完し、巡る人にいざ、変身

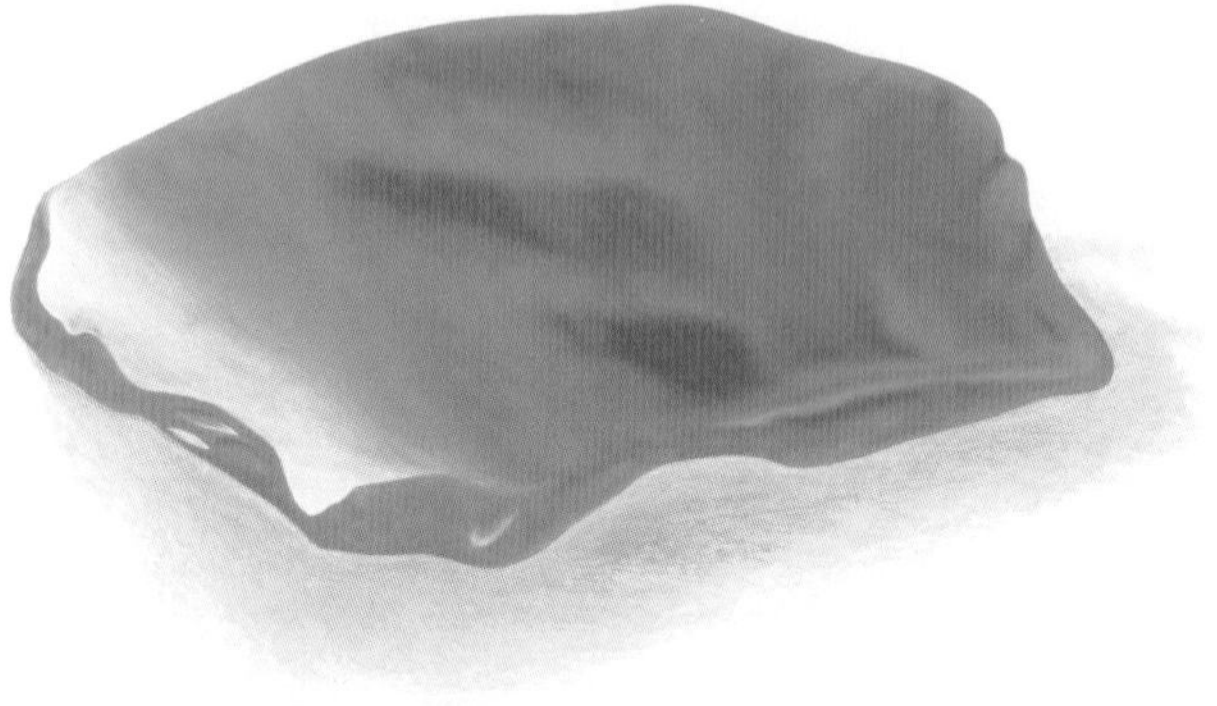

Color	グリーン
Country of origin	インドetc.
Key word	安産、妊娠、繁栄、血
Well together	6ハウス［♍］

ブラッド＝「血」だから、普通は"赤っぽい石なのかな？"とか想像されるのでは？と思うが、実際のボディカラーはグリーン。しかも透明感の無い、ちょっとマットなグリーンなので、"どこが血なの？"なんて思われるかもしれない。血の色ってもっとワイン色というか、深紅色を想起されることから、ブラッドストーンをみたら、「石の名前つけ間違えてますよ！」とか「なんかの間違いじゃないの？」って思ったりする方もいそうである。たしかに名称が"血のビジュアル"に由来するなら、この石は全体的に赤色をしていないとおかしいのかもしれない。でも血の波動からとったならどうだろう？　私たちの生命バイブレーション、心臓部分がもつ波動は実はグリーン。濃淡の差こそあるが、基本的には心臓部分は緑系の色をしている。

そしてブラッドストーンは**その"生命のバイブス"を補う、生命エネルギー補完するイメージの石であり、血をクリアにするかのようなバイブスをその身に宿す石**であるからこそ、そのボディカラーは"赤"ではなくて、緑の石なのだとするとなんだかすんなりと腹に落ちる。

とはいってもこういう緑と血・ハートの部分との繋がりに

ついて今初めて聞いた！という人はきっと少数派ではないかと思うがどうだろうか。夏の山々や緑が美しい苔寺の庭、そして、お部屋の観葉植物にと、人は常に緑に癒され、知ってか知らずか人は緑をどこかに求める。人が緑を求めるのはもはや本能的なものではないかとすら思うが、それほどに緑というのはリアルに人に効く！色なのかもしれない。

ボディが緑で赤色のスポットがボディ表面に少々散らばるというビジュアルは津軽塗でできた宝飾品のようでもあり、シックなアクセサリとして男女問わず身につけられる。

また、玉の小さいものでブレスレットにするとあまり目立たず、普段使いの健康のお守りアクセサリとして使ったとしても、スタイリング的に悪目立ちをすることはないだろう。

更に、昨今のデジタルデバイス全盛の時代において、良く聞くようになったのは"目を酷使しすぎて血の消耗が激しい"ということ。そういう時こそこの石の出番である。**この石はデスクワーク時、スマホ閲覧時にこそ常に傍においておきたい石である。**勿論、直接身につけてもいいが、モニターの近くに置いておくとか携帯やパソコンケースにストラップ等で装着しておくのもいいだろう。実際、私もたまにモニターの近くに置いていたり、枕の下に置いて寝ることもあるが、そうすると、翌朝の寝起きのすっきり感とか目元の感じが違うのが面白いと感じている。**目を酷使する方、瘀血等・血のクオリティが気になる方、仕事柄早寝ができない方には特にお勧め。**また、頻繁に肉を多く召し上がる人、糖質が多い人は1石持っておくとよいように思う。加えてこの石は**生命力にまつわる石であるから、子宝祈願とか婦人科系を弱点にもつ人のお守りにも良い。**生命のバイブレーションの高まりが、男性女性問わず、家族計画にまつわるところにも良きパワーを補ってくれるはずだ。

最後に、この石は別名"ヘリオトロープ"とも言われ、太陽を呼び戻すという意味をもつとされる。占星術の話になるが、雑誌の巻末にある占いにのっている12区分の星座、あれは太陽星座のことであり、そして、太陽とは今回の人生で"向かっていく方向・習得していくあり方"を示しているとされる。ということは、太陽を呼び戻すこの石をもったならば、今回の人生で進むべき方向への道が見えてきたりするのではとも思うのだが…。さて、1つの石にそんなに欲張って色々求めてしまってもいいものだろうか…。

TANZANITE

● タンザナイト ●

自分を雑に扱いがちな人にとって意識変容が起こる石

Color	ブルー、バイオレット系
Country of origin	タンザニアetc.
Key word	道標、柔軟性、自立心
Well together	射手座［☾］、9ハウス［☊］

ブルー・インディゴ・バイオレットに光るこの石は、もともとはゾイサイトと呼ばれていたらしい。ゾイサイトがあまり知られていないのは簡潔にいうと売れなかったから。それが一転、タンザナイトと名前を変えたら売れ出したとか（鉱山がある場所に由来）、某有名ジュエラーが使い始めた途端に売れだした等と言われていたりすることから、石の世界においても「ブランディング」や「ネーミング・イメージ戦略」はどうやら他人事ではないようだ。

そんなタンザナイトの波長だが、この石のボディカラーであるブルーが、そもそも5、6、7チャクラに対応することから**〝知性・賢さ〟というパラメーターが強い石**ではあるが、この石はそれに加えて、**〝高い気品〟を感じさせる、貴人格のようなものをもっている**ところが、他の石との最大の違いであろう。

この石の知性とは頭の回転を速くさせるとか、機転を利かせるといった類のものではなく、**物ごとの〝真贋〟を見抜く、非常にシャープなインテリジェンス**。〝蛇に睨まれたカエル〟ではないが、この石を持つ者と対峙すると〝嘘がつけなくなる〟とか〝偽りの仮面が自動的に剥がれていく〟ということが起こるのではないかと思うほどに、**嘘とか偽善とか裏があればすぐに見抜いてしまいそうな”鷹の目を持つ“**のがタンザナイトの特徴の一つである。

また、それに加えてこの石を持つと問題解決型の知性が高まることから、持ち主は状況に応じた最適解を導き出すことができるようになるだろう。そのため、コンサル・アドバイザリー業、士業全般、アドリブやその場その場の判断が必要とされる仕事の方々、その他、起業家にもお勧めの石だと言える。

この石のもう一つの特徴である”貴人格“についてだが、この石の気品は女帝ルビーや石の王様ダイヤモンド、司祭サファイアにも勝るとも劣らないほどの高いレベルのものだ。上述のように石たちを擬人化し、人の世界の役割・ポジションをつけるとするならば、この石、タンザナイトは公爵・伯爵クラスに値すると言えるだろう。

タンザナイト伯爵…広大な敷地を先代から受け継ぎ、今なおロンドン郊外に邸宅を構える、顎髭にお洒落なまるメガネの初老の紳士…等と書くと、なんだか実際に存在する人物のようにも思えてはこないだろうか。

また、石というものは"波動"を持ち主に転写するものでもある。そのため、**この石を持つと自動的に伯爵的なノーブルな波動がチャージされる。**自分の気位・波動を爵位レベルまで上げてくれる！なんていうと、なんだか盛りすぎな気もするが、自己卑下しがちな方、自分を愛することが課題の方にはそれぐらいがちょうどいいのだろうと思う。

自分がぐらつきやすい方、過小評価しがちな方は、是非、この石をアクセサリボックスの末席に（いや、公爵だから特等席に）加えてもらいたい。この石の波動をチャージできれば、自分を雑に扱うことがなくなり、結果、時を経て、自分も周りも全てを大切に扱えるようになっていくはずだ。

余談だが、この世界には「自分が特別な存在にならないといけない」方々も一定数いらっしゃるが、そういう方には是非このタンザナイトを身につけることをお勧めしたい（＊誤解のなきようにお伝えすると、魂的にはみんなが特別な存在なのだけれど、名実ともに俗世的な意味で、リアルなカリスマとして生きていく課題をもつ人々）。オンリーワンの個性を磨き、特別な存在となる道を進むことに決めたなら、この石以上に適役なガイドはきっと存在しないと思うから。

TOURMALINE

● トルマリン ●

背負うべき負荷、重荷を肩代わりする健気な身代わりストーン

Color	マルチカラー
Country of origin	ブラジル、アメリカetc.
Key word	浄化、純化、活性化
Well together	蠍座［☾］

トルマリンは和名を電気石というが、この石・トルマリンほどマルチなプレーヤーは他にいないのではと思うほどに多様性に溢れている。トルマリンはピンク、赤、オレンジ、黒、青、緑とほとんど全ての色味があるのでは？というほどのカラーバリエーションに富み、また、岩盤浴等にいくと、岩盤の周囲にもじゃらっと敷き詰められていたりもするように、**一般レベルでも"健康促進"とか"ストレス軽減"というイメージ・印象が浸透している石**だと思う。

更には電気石といわれる「静電気を帯びる石の質」から電磁波対策等にもいいとされ、"トルマリン入りのバングル"とか"電磁波予防アイテム"が売られていたりもするので、そういう（テック系のガジェットのような）使われ方をしているのを見た方もいらっしゃるのではないだろうか。

更には前述の通り、全てのカラーを持つ（バリエがある）ことから、色々な効果効能を、チャクラ・ユーザーの好み・需要に合わせて選べたりもするので、トルマリンはボディに関することであればほぼ全ての効能を網羅した、オールマイティストーンであるとすら言えそうである。

ここまでの解説は他の書籍やインターネット上でも知り得

ることなので、きっともうどこかで見聞きされていることと思うが、私がここであえて言及したいのはそういったトルマリンの万能感ではなく、実は**トルマリンのもつ"身代わり効果"**のほうである。

鉱物は通常、特定のパワーを高めるとか持ち主を守るとか言われている。そのため、"身代わりになって割れたり欠けたりする"こともままあるものだ。

実際、何年もパワーストーンのブレス等を身につけている方であれば"石が割れたとか欠けた"という体験がある方もいらっしゃるはずだ。

ちなみに身代わりというと、身代わり地蔵とか身代わりのお札(持ち主の代わりにバキッと割れたりするやつ)を連想する人も多いと思うが、まさにあの"身代わり〜"なる効果を帯びるのがこのトルマリンの持つ"身代わり効果"の特性である。

石が"肩代わりしてくれる"というほうがいいだろうか。**自分が背負うべき負荷、荷重を肩代わりしてくれるとか、もしくは、"負のバイブス"を吸着し、持ち主側に"背負わせない"ような作用。**

それがトルマリンの健気な献身性である。

身代わりストーン。

なんていってしまうと石が少々かわいそうだが、この石はまるっと負荷を肩代わりして背負うことで、人生における圧が強くなるのを退け、助けてくれる。

人の世界にもそういう方がいる。優しくて、慈愛に満ちている人たち。あなたの周りにもそういう方が一人や二人はきっといると思う。

もしくはこれをお読みのあなたがそんな優しき人、本人かもしれない。そういう優しき人は、周りから"色々なものが回ってくる"が、自分から誰かにそれを渡すことはない。だから、急にガクッときたり、もういっぱいいっぱいかも…と感じる、そんな時がある日突然やってきたりする。勿論そうなる前にケアすることが絶対に必要なのだが、でも"だいぶがんばった、もうきつい!!"、そんな時にはそっとこの石に触れてみて欲しい。

この石はそんな負気を回収して、空に、大地に、宇宙に、ふわっと解き放ち、ナチュラルなあなたへと戻す、そのお手伝いをしてくれるはずだから。

CORAL

● コーラル ●

なぜだか意志が弱い人に"しっかり感"をもたらすパワーが

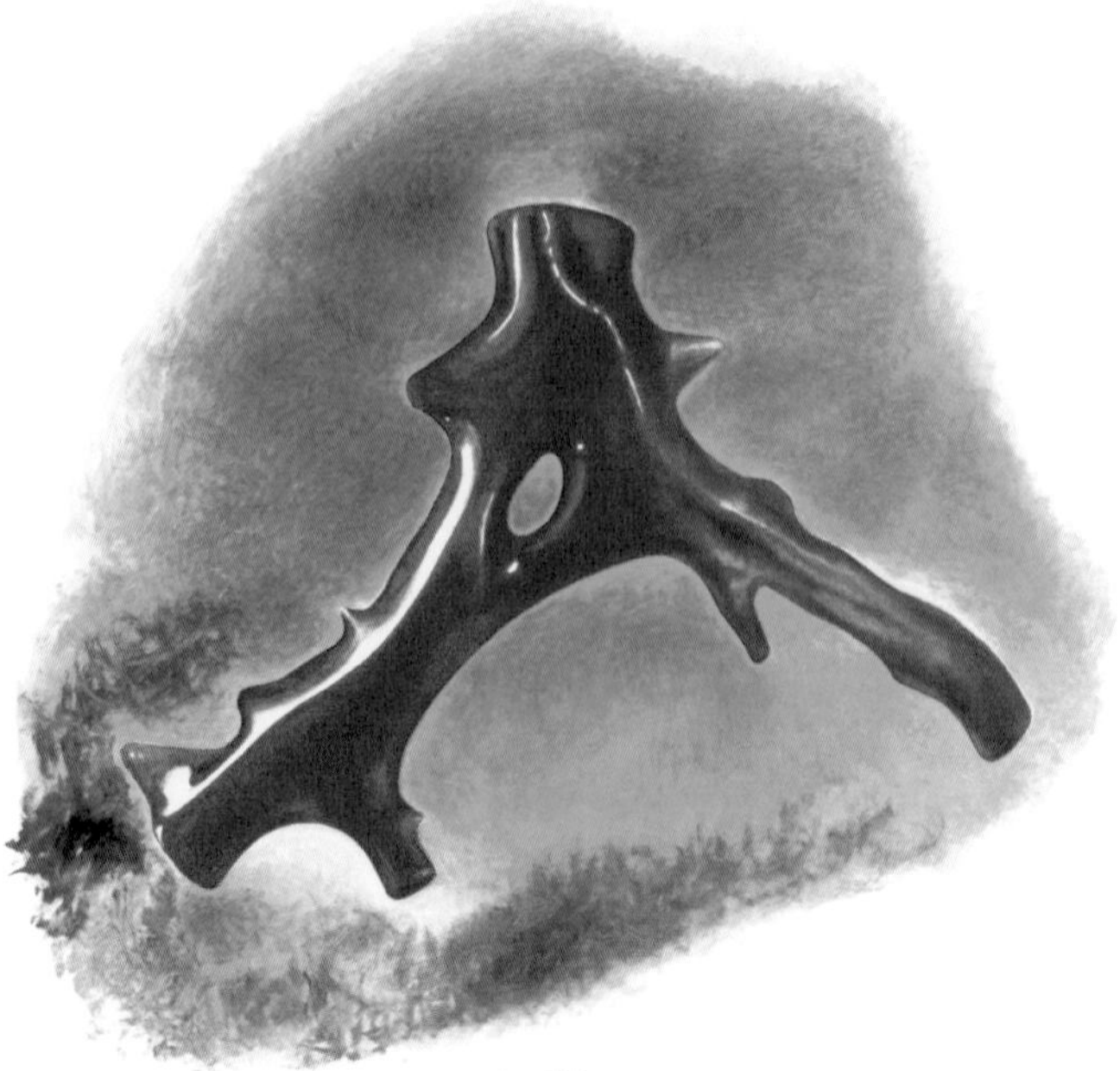

Color	レッド系
Country of origin	地中海、日本近海、ハワイ沖etc.
Key word	軸、子宝、家内安全
Well together	蟹座［☾］

南国のリゾートを巡るとサンゴ自体やサンゴを使ったアクセサリが販売されていたりするのをよく見かけるが、パワーストーンとしてよく見かける玉、ルースの多くは、白っぽいサンゴの骨がピンクや赤に染色加工を施されたものである(勿論そういう石は他にも多くあるので別段問題でもなんでもなく、染色技術が進んでいるので色落ちも最近はほとんどない)。

実際サンゴは専門店のみならず、色々なところで目にする石でもあるから、それこそ旅行のお土産等で手に入れたりして、一つや二つ、お家にこの石がある人は意外と多いのではないだろうか。

サンゴは、日本近海だけでなく南西諸島やギリシャ・地中海でも採れ、昔から航海のお守り・宝飾品として用いられてきたので、意外と私たち人類の歴史において、昔から存在している石だといえる。

サンゴの原石。その白亜の物体の正体は実はサンゴの骨・お家(骨格)。サンゴ自体は生き物であるため生命活動をしているが、そのサンゴがつくりだす石灰質(他の物質の場合もある)、骨格、芯のような部分が私たちがお店で”コーラル“

として見ている部分である。

実際、コーラルそのものを見ていると、ボディカラーが染色・加工によって赤とか朱になっているからわかりづらいのだが、石灰質のそれは軽くて硬くて…、あぁ、"骨"なんだなぁと思わざるを得ない。

そして長い年月をかけてサンゴは育っていく性質を持っているからか、波動を読み解いていくと、**コーラルのバイブスは強力な"軸"をもたらすものである**と感じる。嵐にも、外敵にも負けない、どっしりとした気骨。グラウンディング感と言えそうな、**"しっかり感"を人生にもたらす、それがコーラルの波動の真髄**なのだろうと思う。

また、ときにコーラルは**子宝とか家内安全のお守りと言われる石でもある。**ボディカラーの朱色や赤色が1、2チャクラあたりに作用するからかなとも思ったが、実はそのカラーリング自体は"オプション的なもの"で、波動の実態はサンゴの持つ"軸バイブス"から来ているのではないかと思うのだ。

私見ではあるが、この石は**"自律心が弱いなぁと感じる人"、"生命力・生きる喜びを高めたい人"、"家庭運的なところを強化したい人"、"家の繁栄を願う人"には殊更にお勧めだと思っ**

ている。特に"軸が弱い"と感じている人、しっかり・ちゃんとしたいのになぜだか意思が弱いと感じている人は是非トライしてほしい石である。

また、この石のお勧めなところとして、なによりも波動にクセが無いことと、身につけるだけではなくて、置物・オブジェとしても取り入れやすいこと、また、"いわゆるパワーストーンぽくない"ので、スピリチュアル系グッズにアレルギーがある人にも使ってもらいやすいことがあげられる。

繰り返すが、サンゴ礁というサンゴ（生き物）がつくりだす「海の中の世界のサンゴガーデンヒルズ（サンゴ礁）」は一朝一夕にできたものではなく、非常に長い年月をかけてできたものである。海の世界のカリスマエンジニア、名建築家のサンゴはその繁栄と豊穣のバイブスをしっかりと、その骨・コーラルへと転写しているため、この石が基礎を安定させたり、家庭円満のパワーをもつとされることには異論を差し挟む余地はないし、実際、世界中でコーラルは繁栄のお守りであり、豊穣のチャームとして扱われていることが、なによりのそして最大の"サンゴにはそういったパワーがあること"の証明であると思っている。

DENDRITIC QUARTZ

● デンドリティッククォーツ ●

ひねくれ系＆拗らせ系気質を“素直”に戻すアイロン的存在

Color	クリア系
Country of origin	マダガスカル、インドetc.
Key word	安定感、素直、季節の変わり目
Well together	蟹座［☼］

お家の中に観葉植物を置いて育てている人や、お庭があったらそこに木々を植えたり、ちょっとした家庭菜園をしているという人はかなりの数いらっしゃることだろう。

マンション・戸建てといった住まいの形態にかかわらず、人は植木、鉢植え、一輪挿し、生垣とそれぞれが自由にできる空間の中で緑を楽しんでいるし、休日は公園や神社にいく人も多く、人間とはどうやら緑や自然との触れ合いを求める生き物のようである。

とはいえ、さすがにプランターや鉢植えを持ち歩いたり、手提げに常にお花が入っているとか、手首にシダを巻きつけているような〝プラント一体型〟の人はいない。

どれだけ緑が好きでも緑の絵とかが描かれていたり、写真がプリントされているウェアやグッズを持ち歩くくらいしか〝常時・緑と共にあること〟は難しい。

ただ、例外としてこの石を除いては。

〝植物の波動を内包し、常に観葉植物を持ち歩いているような波長をチャージできる存在〟、それが今回ご紹介する石、デンドリティッククォーツ。

水晶のベースの中にシダ状やそれに類するインクルージョ

ンが入っていて、ヴィジュアルがなんとも特徴的で二つとして同じ顔を持つ石が無いことから、この石の、特にそのオンリーワンの個性を持っているところにハマる人は多い。

　ちなみに、ギリシャ語で木を表す言葉「デンドロン」が、デンドリティックの語源であり、ここで紹介しているクォーツ以外にもデンドライト(インクルージョン)が入っているアゲートやオパールもあるので、デンドリティックファミリーは実はバリエーション豊かなのである。

　さて、デンドリティッククォーツの波動についてだが、樹の枝やシダっぽいインクルージョンが入っているヴィジュアルからもわかる通り、この石は東洋の五行説、木火土金水的な発想でいうと、〝木〟の要素が強い石である。

　〝木〟という要素から連想されるのは安定感、成長、真っ直ぐ伸びること、繁栄（繁）等かと思うが、この石は植物が日光を浴びて養分を吸収するときちんと成長していくように、**真っ直ぐに成長することを促す石**である。

　また、面白い特徴として、成長すること進化することに対して**ひねくれてしまった心や拗ねるような傾向をもつ心たちにアイロンをかけ真っ直ぐにもどしていくような作用**をもっていたりもするので、自分が該当するな！という人は一度手に取っていただくとよいかもしれない。

そのほか、クォーツは水質でもあることから、このデンドリティッククォーツ自体が木と水で相生という育み合う関係を内部に宿している希有な石なので、四柱推命や算命学等で、自分自身の主要エレメントが木・水の人には〝普段使いの石〟としてお勧めだと言える。また、木と水（肝・腎）が弱点の人（補気するべきポイント）も体調不良や季節の変わり目等に身につけてみることをお勧めしたい。

私自身のケースで恐縮だが、私は体質的には（五行の）水過多である。そのためアンバーやこちら、デンドリティック系の石をもっと余剰な水、濁った水を吸収してくれるため、とても落ち着き、体の負担が軽減するように感じている。

個人的なアドバイスしかできないが、上記のように水過多の人！こちらの石、お勧めですよ！

GARDEN QUARTZ

● ガーデンクォーツ ●

人生、生活、全方位においての安定をもたらす守護石

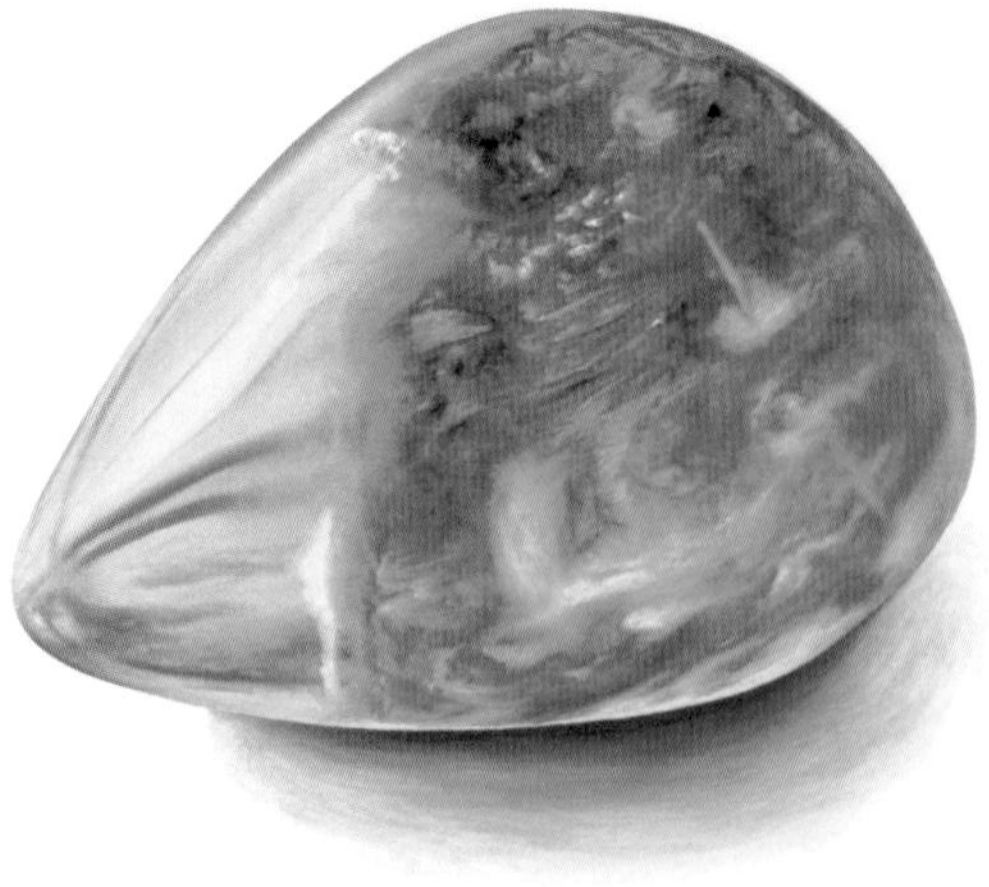

Color	クリア系
Country of origin	ブラジルetc.
Key word	安定感、安心感、心穏やか
Well together	牡牛座［☾］

天使の石だの、お守りの石だの、○○の石といわれることが多々あるストーン業界で、唯一、"庭園"と称される石がある。

水晶の中にクローライト等のインクルージョンが入っており、クリアと緑色（代表的な色）のコントラストが美しい石、それがガーデンクォーツだ。

スノードームというオブジェが世の中にはあるけれど、あれをちょっと小さくして中に庭園を閉じ込めたような、まるで水晶玉の中に精巧な箱庭があるように見えるとても幻想的な石なので、そのヴィジュアル面からファンやコレクターが多い石でもある。

とはいえ、この石の力は"幻想"とはある意味真逆の、**とても"リアルなパワー"を持つ石**だ。その波長はたとえるなら、**まるで"柱"のさせるような"ズドン"としたどっしりとしたもの。**そして、**持ち主のグラウンディングを強め、安定感・安心感をもたらす効果をもつ。**

また、見た目もグリーンベースで穏やかで、いつでもどこでもつけていられることから、さりげないお供（でもとてもパワフル！）として活躍してくれそうである。

この石の波長をよく観察してみると、まさに"リアルな世界の庭園〟が私たちにもたらす影響・効果と同様のものがあるのではと思う。

例えばわかりやすいところでいうと、

- 心が穏やかに感じられる
- 外の世界に気を取られ過ぎない自分でいられる気がする
- 安定感・安心感が得られるイメージ

という感じだ。

そのほかにも、この石は**〝リアルな底上げパワー〟をもつ石**でもあるから、タナボタ的に財運を高めるというよりも〝実力を高めていくことによって財運とか社会運が高まる〟という効果を持ち主にもたらすので、決して即効性があるとはいえない。ただ、**持てば持つほど効果が感じられて、徐々に相思相愛になっていく**、そんな石ではないかと思うのだ。

〝特別な御利益的なところが売りになりやすいストーン業界〟において、突出している〝売り文句〟が無いというのはなんだか目立たない存在のようで、地味かも?!とか思うのだけれど、「人生、生活、全方位においての安心と安定」をもたらすと捉えると、なんなら一家に一台ならぬ、「一家に1石は欲しい石、ガーデンクォーツ!」とか言えてしまいそうでもある。

持ち主と一緒に育っていく……その様はリアルな庭園と同様で、主人が植えた苗から茎が伸び、葉が出て花が咲き、それを繰り返し何年も何年も時が経ったならば、いつしかお庭は立派なものになっている…という感じだ。

そういった育成していく・共に成長していくプロセスを楽しめるのがこの石ならではのところだと思うし、この石をもつ醍醐味のひとつなのではないかと感じている。

また、この石は〝自分軸を確固たるものにしたい人〟、〝財政基盤とか家庭運を高めたい人〟、〝4チャクラ活性化を望む人〟、〝色々落ち着きたい人（ソワソワしがち、とか）〟にお勧めだ。

ブレスレット、トップで用いるのもいいが、比較的手に入れやすい石でもあるので、ルースやポイント（結晶）で買って、お家（ダイニングとか寝室とか）に置いてみるのもいいだろう。空間やお家の波動が整い、心身が休まるパワースポットとなること請け合いだ。

CITRINE

● シトリン ●

あの手この手でマイナス要素を打ち消す、私だけの応援団長

Color	イエロー系
Country of origin	ブラジル、インド、チリetc.
Key word	肯定、背中プッシュ、ポジティブ
Well together	2ハウス［♉］

シトリンはある意味とてもシンプルな石である。**波動に思い切りがあり、また、太陽のパワーをぎゅっと凝縮したような、陽の気のかたまりのような石**だ。そのため、

〝もうだめだー〟

とか

〝あーでも～〟

とか

〝どうせ…〟

とか

落ち込んだ時、やる気が出ない時、前向きになれない時、自信が持てない時、一歩踏み出せない時、活力が無い時、否定的な時、自分が嫌いになりそうな時、

そういう時に、〝だめ〟をひっくり返し、〝OK〟にして、さぁいけ！と背中を押してくれたりする。

太陽から受け継いだ、持ち前の陽気さで、〝どうせ〟をひっくり返して、〝あなただからできる！〟と言ってくれる。

無駄に明るいポジティブシンキングで、〝元気が無くて〟を

肯定して、”人生ぼちぼちでいいんじゃない？ 元気になればまたやれば良い“と優しく諭してくれる。

生まれながらの楽天家なので、”否定的なマインド“になった時に、ま、いっか！という気持ちにさせてくれる。

長々と述べてきたが、この石は、そんな応援ソングのような波動をもつ石だと感じている。

ここからはみんな大好き算数の話。

分数の割り算をする時には分母分子をひっくり返して掛け算をすると正解が求められる。また、否定的な要素、”−《マイナス》“に”−《マイナス》“をかけるとプラスになる。

まさにこれらのテクニックのように、**あの手この手を駆使して”マイナス“要素を打ち消してくれる、絶対的な”陽の気“変換王子。**

それがシトリンという石の役割であり、シトリンらしさでもある。

マイナスをかき消し、この世には失敗や無駄なんてないと、全てを”陽“の世界へといざなう石。際限なく明るい、光の象徴のような石。それがシトリン。

あえて擬人化するならばだが、この太陽の王子シトリンストーンは無邪気な少年のようにいつもケラケラと笑っている感じだ。

あの手この手をいくつも考えて、持ち主たちのことを"今度はどうやって元気にしてやろうか・励ましてやろうか"とその出番を今か今かと待っている応援団長。

当然だが気持ちが落ち込みやすい人、気分にムラがある人、スタミナが持たない人に特にお勧めの石だと言える。

とはいえ、夜になっても昼間みたいな活気があるのはおかしいので、よほどの理由が無い限りは夜には片付けるなり、腕から外すなりして、おやすみモード、つまり"夜モード"に切り替えていくのが良いだろう。

太陽が出ている時間にシトリンを使う。夜の休むべき時にはこの石を休ませて、また、同時に自分も交感神経をオフにしてゆっくりと夜の世界を楽しみ、そして、よく眠るといったｏｎ／ｏｆｆを分けることが、この石と過ごしていくためのコツなのではと思っている。

TIGER'S EYE

● タイガーアイ ●

嘘偽りのない本当に必要なものを授けてくれるサンタさん

Color	ブラウン系
Country of origin	南アフリカ、オーストラリアetc.
Key word	洞察力、本当の願い
Well together	2ハウス［♌］

タイガーアイは和名を「虎目石」といって、石自体が虎の目のようにみえることにその名の由来をもつ石だ。洞察力・決断力をもたらすとされるが、タイガーアイとは実は**〝真実を見つけていく〟石**でもあり、また、他の石にはなく、この石だけがもつ波動というのがある。**それは〝強くある〟ということ。**

人生には〝強くある必要がある時〟というのがある。例えば、戦国の名将・織田信長が桶狭間で今川を討ち取ったが、あれは強靭な意思・胆力があったからこそできた大一番であったかと思うし、また、もっと身近なところで言うと、プレゼンや就職・入試等の面接の時にも〝圧に負けないように〟強くある必要があると思うがどうだろうか。根拠の無い自信をもてる人。自信の源泉となるような圧倒的な実績がある人。人前に出ることを苦にしない人。そういう人たちは特にこの石の強くある作用は必要ないかもしれないが、実際、世の中を生きる全ての人が〝自信満々〟なわけではないのだから、この石の助けを必要とする人たちもきっと少なくない割合で存在している。

また、タイガーアイは黄色＝エナジー！といったふうな色味からも想像できる通り、**活気のかたまりのような石であり、**

霊性を高めるというよりはどちらかというと現世利益重視タイプの石のため、タイガーアイがちょっと浪速な神様（しかも少しせっかち！）だとしたらこんなふうに石の方から声をかけてくるかもしれない。

「自分、なにをどうしたいんや？」

ちょっと陽気な兄さんが、こんな感じで問いを投げかけてくる様子が脳裏に浮かぶようである。……面白いからもうちょっと妄想を続けてみよう。

「自分の欲は一体なんや？」

もう、これでもかっ!!!ていうくらい

ズンズン、

ズンズンズン、

ズンズンズンズン、

と、エンドレスに攻めてくる！これを仮初の欲求ではなくて、心が本当に求めるものが出てくるまで、延々と繰り返す。でも、このやりとりがあるからこそ〝嘘偽りなき希望〟がわかり、引き寄せが働いて、〝本当に必要なもの〟が手元にやってきたりもするのだろう。タイガーアイとの問答を経て、最終的に出てきた〝真実の願い〟を伝えると、サンタさんばりに、

「よっしゃ、それでええのやな。かなえたろ!」等と、一瞬でどこかに行ってしまう。

しばらくすると、「ほら、これでどないや!」と、近からず遠からずのものをもってきたりもする。

強面な感じではあるが、「ヤル時はヤルヤツなんだぜ、俺は」的な感じがしてるのに、そのちょっとだけ外してキマらない感じが、思わず失笑を誘う。他の石たち、例えばルチルとかルビーとかエース級ともいえる石をちょっと斜に見て、「ふんっ!」って対抗意識をもっていそうなところもまたなんとも可愛いなと思える。

この虎の目をもつ石、タイガーアイは**どこか高尚なのに、お茶目なところがあって、なんとも憎めないヤツ**なのである。かなり頑固で強気な石なんだけど、肝心なところでちょっとハズシも効いていて…等と、だいぶ脳内妄想が過ぎてしまったようにも思うが、タイガー兄さんの雰囲気はだいぶ伝わったのではないかと思う。あまりしゃべりは得意じゃないんだけど、小さいコたちからやたらと懐かれる露店のお兄さんみたいな、ユーモラスで面白い波動をもつ石。そんなタイガー兄さん、傍にいかがっすか。

ELESTIAL

● エレスチャル ●

夢の実現、現実化へとビシバシ鍛えてくれる鬼教官!

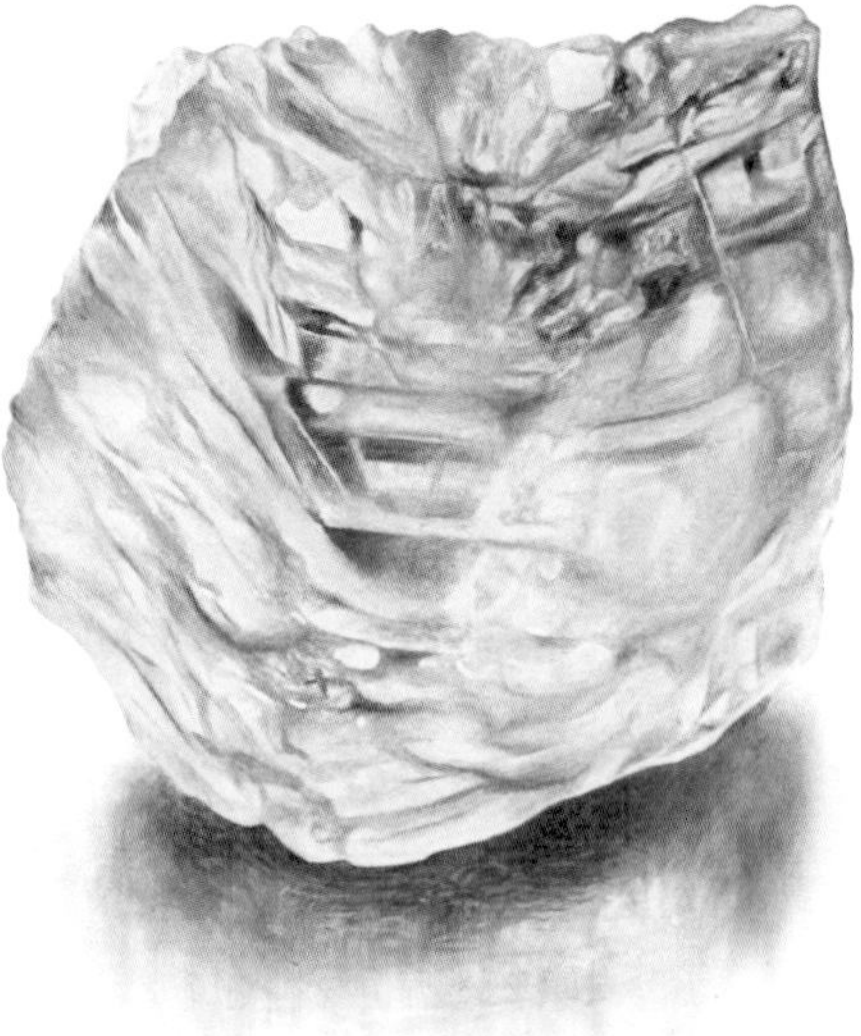

Color	クリア系
Country of origin	ブラジルetc.
Key word	ヒーリング、調和、バランス
Well together	水瓶座［☾］

「我、悟りしモノなり。宇宙と大地に蓄積された幾億年分の叡智は我が身とともに在る」とでも言いそうな仰々しさマックスの石、それがエレスチャル。

和名「骸骨水晶」なんていうけったいな名前が与えられたりもしているが、なんてことはない、実はその力は骸骨どころか、まるで「スターウォーズ」のヨーダである。

他の石たちよりも一枚も二枚も上手なので他のどんな石も同列に立つことがない。あらゆる系統の石と同ぜず、達観した境地にいる。そんな**賢者というか仙人みたいな存在感をもつ、それがエレスチャル**だ。白黒グレーのなんともシンプルなルックスではあるけれど、ある食通曰く、"ピッツァ道を極めればマルゲリータに帰る"といわれるように、その圧倒的なシンプリティはまさに"虚飾を全てそぎ落とした姿"に他ならず、まさにマスタースターストーンの称号が相応しい石であるといえる。

他の石たちが優しい言葉やバイブスで緩み、ほぐしてくれるような波動をもつとしたら、エレスチャルの持ち主へのアプローチはそれらとは全く異なる。例えば、**直接手の中でうねったり、手首で震えたり、全身にエネルギーをぐわんぐわ**

んと回したり、ドSといえるほどに直接体にエネルギーの杭を打ち込んでくる感じなのだ。

持つ者に覚醒を促し、必要であれば癒しや禊を施し、宇宙との調和状態にあることを加速させるために甘ったるいことは一切しない。**最初からフルスロットルで"宇宙意識との調和"を促してくる超絶にスパルタな鬼教官。**それがエレスチャルである。

この石の地味めなルックスとは裏腹に、エネルギーのイメージはまるで渦巻くタービン。**高次エネルギーと叡智の集合体のようなもの**、それがエレスチャルの正体。一切のカラフルな装飾は身に纏っていないが、エネルギーの泉のようなパワーをビシビシと感じる、マスターストーン。

もし"上"の助けを借りたいと真摯に願うなら、ヨーダを生活のお供にするようにこの石をもってみても良いかもしれない。宇宙との調和を図りながら、夢の実現、いや、ヴィジョンや希望の現実化を"これでもか!"というほど応援してくれるはずだ。…ただし、強面すぎるお師匠様(エレスチャル)とマンツーマンレッスンする覚悟があるのならだけど!

COLUMN
02

石によるわかりやすい変化を まず体感したいなら、この石

私が個人的に好きな石はいくつかあるのですが、その中の1つがこの石、エレスチャルです。このエレスチャルというマスターストーンは持ち主に指導者のような立場で色々なことを伝えてくるのです。

手の中でさわさわ動いたり、手首がじわっとしたりといった体感もですが、この石を身につけると魂のレベルが上がっていくような課題・トライアル・出来事がいくつも周囲に起きたりします。その“わかりやすさ”がこの石の魅力でもあり、特徴だと思うので、石による“わかりやすい周辺環境の変化”を求める人、体験してみたい人は是非この石を一度身につけたりもってみることをお勧めします。きっと“そうきたか！”と思えるようななんらかのトライアルがあなたに起きたり、周りに勃発したりするはずですので！

AMBER

● アンバー ●

魂のエネルギーが枯渇し、人生を楽しめなくなった人に潤いを

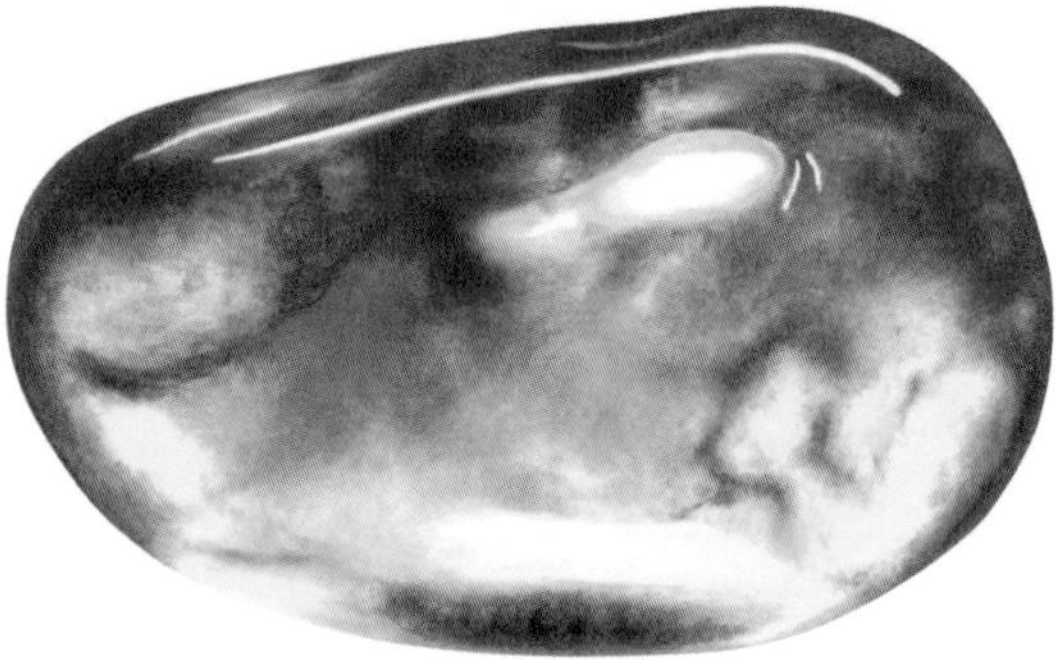

Color	イエロー、オレンジ、ブラウン系
Country of origin	ロシアetc.
Key word	バイタリティ、生命力、美活
Well together	5ハウス［♌］

パワーストーンショップや産地の近くのお土産物屋さんでよく見かける石、琥珀。ただ琥珀は今でこそ天然石やパワーストーンとして売られていたりもするけれど、厳密に言うとこの石は樹液の化石であり、"鉱物"ではない。

ただ、その力、エネルギーは石に勝るとも劣らず、むしろ"石"(鉱物)との相性があまり良くない人にとってもエネルギー的にもなじみやすいことから、もつ人を選ばない他、ルースもタンブルもブレスレットもトップも比較的に見つけやすいことからも装身具として、また家や空間におくパワーチャームとして、とても使いやすいアイテムの一つと言えるだろう。

アンバーが樹木の液の化石であるということは、ある意味、木々の津液や血のかたまりのようなものといえる。

その生命のかたまりのようなものが数千万の年月を経て、現代に蘇って、ヒトと寄り添うとどうなるか。

その凝縮されたパワーのかたまりは木火土金水的な、東洋の五行説的にいうところの木のエネルギーをもっている。

琥珀を身につけると、気持ちの揺らぎを最小限に抑え、豊かでどっしりとした気分になっていく。

そして、**最も大きなアンバーから人へのギフト、それはお**

そらく”潤い“というもの。伝統的な琥珀の持つ”オレンジ“という色は、もともとヒトのパワーの根幹である丹田の波動、第2チャクラの色である。

丹田とはお臍の下あたりにある生命力の源泉であり、開拓する力やバイタリティ、そして、性エネルギーを司る場所である。そういった事実を知っていたのか、昔から西洋では斬首という処刑・処罰の方法が一般的だったのに対し、日本では自害の方法は割腹《はらきり》であったし、また、日本語には腹を括る、腹を割って話す、腹に一物ある、腹黒い等、やたらと”腹“に関する言葉が多いことからも昔から腹に魂があることは周知の事実であったのかもしれない。

実際にここのエネルギーが枯渇すると人との境界線がおかしくなったり、喜びから遠ざかったり、積極的に人生を楽しめなくなったり、また健康的な性生活を送れなくなったりすると言われている。つまり、腹はＱＯＬに直結するとても重要なポイントなのである。

そして、**アンバーはバイタリティのかたまりのような石のため、右記に列された事柄のような”詰まり・ブロック“がある人にはストレートに作用し、人生に喜びを、そして前向き**

に人生を楽しめるようになっていくことだろう。

また、生命力・生殖の波長が整うイメージがあり、女性なら肌や髪の艶が増し、男性は抜け毛予防や、目力が強まる等、外見にもプラスの影響が出ることも期待できるかもしれない。この石は美活ストーンとしても一級品といえるのではないだろうか。

琥珀の波動は植物由来の波動であるためか非常に"さらさら"としているように感じる。

波動自体の浸透率がとても高く、体に心に染み入ってくるようなバイブス。それがアンバーの波動の特徴で、アンバーを身につけると、自らの体の表面にメイクで用いられるラメのようなさらさらとした金粉のようなものを見つけることがあるが、それは持ち主とアンバーの波長とがしっかりと同調しているというアンバーからのメッセージであり、"木の精霊から応援を受けているよ"という証なのかもしれない。

AGATE

● アゲート ●

不安定な時、孤独を感じる時、そっと見守るお地蔵さん

Color	グレー・ブルー系
Country of origin	ブラジル、ウルグアイetc.
Key word	絆、修復、バランス
Well together	10ハウス [♌]

もしあなたが”孤独を感じている“なら、
もしあなたが今、”不安定になりがち“なら、
是非、この石、アゲートを傍においてほしい。

日本名では「瑪瑙《めのう》」と呼ばれるこの石は、キングのような重厚感と安定感を感じせる波動をもっているが、名前に王偏を含む漢字を2つもつことと、波動が王の如き安定感をもつことは果たしてただの偶然の一致だろうか。この石の波動は**”まとまり“を強化し、集団の絆を強める**とされる。そのため、家内安全、一族の繁栄を祈念する用途で用いられることが多い石である。

また、アゲートの特徴でもある縞模様は魔除に効くとされるが、これは天眼石（P.112）と近しい理由からで、独特の模様が”魔を寄せ付けない“とされている。縞模様は個体ごとに異なり、その中でも美しい文様をもったものは高値がついたりする等、アゲートはコレクターが多い石としても有名だ。アゲート自体は世界中の多くの鉱山で採れるため、高価な鉱物ではないが、その加工のしやすさから、染色されてブルーアゲート、レッドアゲート、グリーンアゲート等、カラーアゲートへとその姿を変えて、宝飾品のパーツ・パワー

ストーンとして店頭に並ぶことも多い。しかし、基本的には

"安定感"と"集"のパワーをもっていることには変わりはない。

アゲートは魔除、家内安全、組織の弥栄といった3つの代表的な効果効能をもつとされるが、冒頭にもある通り、この石はとにかく"弥栄・安定"の波動を高める力を安定してもっている石である。そのため、不安定な時、寂しい時、孤独で誰かに寄り掛かりたい時には、この石があなたの中に渦巻くそういった孤独感や不安定感を埋めてくれるだろう。

また、変な表現かもしれないが、この石はそのあり方自体がまるで"お地蔵さん"のような石である。道端で、路肩で、山道で、そこら中で見かけるお地蔵さん。お社・お堂を伴わず裸で立っていることも多く、目立たずとも、その土地を安定させたり、その集落を守ったり、過去の戦や争いの供養や地鎮のためだったり、山道をいく修行者・旅人の安全を祈るためだったり、ずっと"泰平"の祈りを捧げ続けている。

そんな有り難い、あたり一帯の守神。

それが地蔵尊なんだとしたら、このアゲートも世界中やはりどこででも採れ、お守りとして、繁栄を祈る石として機能するので、やはり"お地蔵さん"のような立ち位置の石ではな

いかと思うのだが……、石と神仏をリンクさせる等、勝手に親しみを込めすぎだろうか？

そのほか、この石は1、4チャクラに作用し、大地との連動・連結を促し、**この地球を生きていくためのリアリスト的な感覚をチューニングしてくれる。**どこか地に足がつかない人、意識が上に行きがちな人、妄想癖が強い人にはしっかりと大地にアンカリングし、意識をグラウンディングさせてくれる。

また、**家業の安定や事故防止、家族関係の安定・安全、安産を祈願する人にもこの石は良き働きをしてくれる**から、多業種、多分野にわたるオールラウンドなお守りとして大活躍をしてくれるはずだ。家の中や敷地内にお地蔵さんを置くことはできずとも、この石のルースや原石、スライスをおくと〝泰平の気〟が醸成され、地鎮が行われると思うと、なるほど、そうしたら、好みのルックスのものを一つ手に入れて、床の間や、玄関の上にでも飾ってみよう！と思われる人が出てきてもなんらおかしくはあるまい。玄関やサイドボードの上にも置けるような、センスの良い、アート作品的な石のオブジェ。それが実は〝パワーアイテム〟だなんて、文字通り一石二鳥だなぁ、なんて思うのだが！

ARAGONITE

● アラゴナイト ●

安心して心の内側を解放できる“場”を整えてくれる石

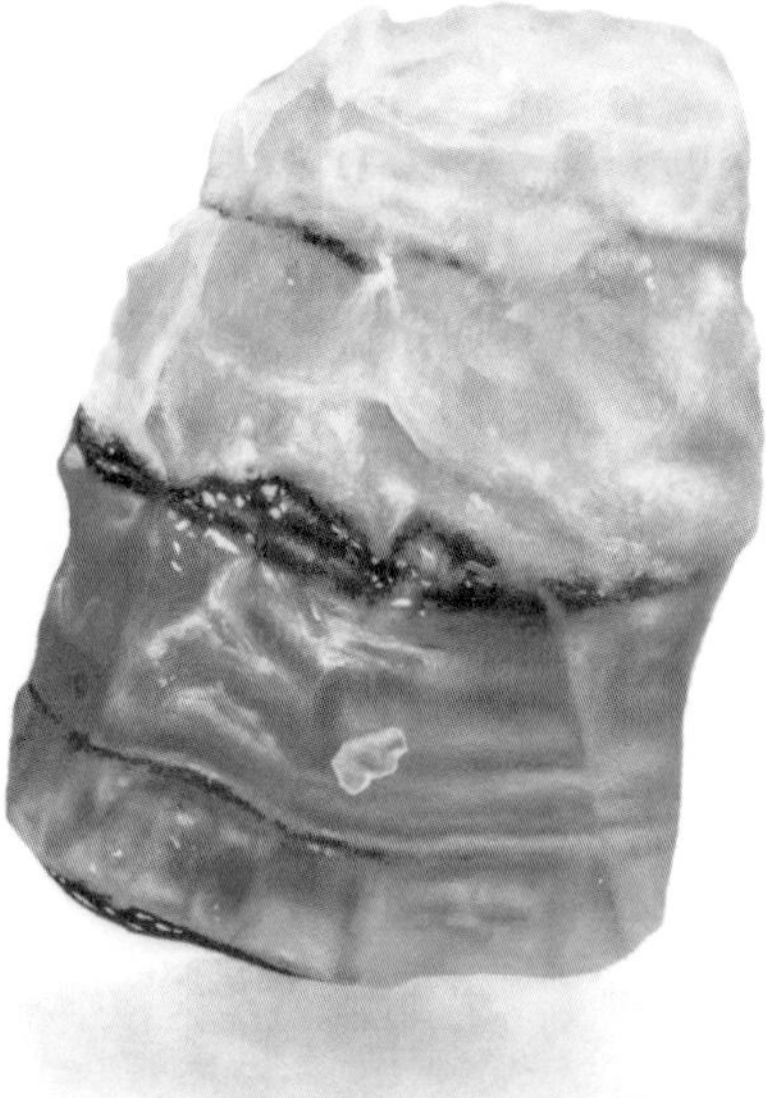

Color	ホワイト、ピンク、ブルーetc.
Country of origin	スペインetc.
Key word	まったり、ほっこり、居場所
Well together	蟹座［☾］

アラゴナイト。この名前を聞いたことがある人はいったいどれぐらいいるだろうか。

ルビー、サファイア、ルチル、ムーンストーンといったメジャーな石に比べると知名度という点ではだいぶ下に位置する石だと思うし、実際、ルチルとかトルマリンみたいな"バリバリ——!ビリビリ~!"みたいな体感があるわけでもない。

そしてパワーストーンショップとかにいくと1粒数百円、なんなら何十円とかで売っていることもあるくらいだから、これに"ときめく"という方は実はだいぶレアな方かもしれない。だからといってアラゴナイトは店頭で、「派手な効果効能や特色もないし、リーズナブルだし、地味なんですー!」という感じで卑屈になっているかというと、決してそんな"価値レス"に感じているなんてことはなく、むしろ他の石にはない、オンリーワンの波動を誇りに思っているようにすら感じる。

実際、この石の効能・パワーを見ると、今を生きる現在人には必携の石であり、特に都市生活をしている人には絶対必要な石なのではないかとすら、個人的には思っている。

この石、**アラゴナイトの波動特性は一言で表すなら、まっ**

たり感、ほっこり感。実家に帰った時や胸襟を開いて過ごせる仲間たちといる時のような、"団欒の場"そのもののような気をもっているのである。

そのため、**仕事に疲れていたり、過度に緊張していたり、目標・目的・締め切り等に追われていたりする、そういった、ザ・現在人の生活を送っている人にこそ持って欲しい「ザ・ほっこりストーン」**がこの石、アラゴナイトなのである。また、"心の拠り所"や"居場所"が無い等、自分の軸とかホームのようなものをあまり感じない人にもこの石はお勧めで、この石の波動が心のバリアを解きほぐし、きっと"心を安心して解放できる場所"にいるような気持ちにさせてくれるのではないだろうか。

暖炉を囲んでみんなで団欒。キャンプファイヤーとか焚き火を囲んでまったりする時間。なんだかそういう"癒しのひととき"のバイブレーションをギュッと詰め込んだかのような石というのは、石の世界広しといえど、おそらくはこの石くらいしかないのではないだろうか。

お弁当のメインにはならないけれど、バランスと色味を整えてくれる卵焼きや金平ゴボウ、学校の花壇や道路脇の街路樹のように、決してそこに名所の看板がつくわけでもなければ、また、それが売りになるわけでもないのだけれど、でも、あったら人々が癒されたり、全体の波動を上げてくれるようなものはこの世界にたくさんある。

食事でたとえるとわかりやすいかもしれない。ティラミスやステーキが毎日続けば胃腸がしんどくはならないだろうか。毎日すき焼きやとんかつばかりだとちょっと重いなとか感じたりしないだろうか。普段はご飯にお味噌汁にお漬物に…といったほうが、たまに食べる御馳走の良さがわかろうというものだし、実際、健康にも良いように思う。ハレの日、ケの日等、〝贅沢をする時〟、〝質素に暮らす時〟というような、メリハリが昔から日本では語られてきたように、生活のリズム、テンションのバランスというのはやはり基本のキであり、非常に重要な要素である。この石、**アラゴナイトは勝負ストーンという感じはない。むしろ完全に〝ケの日〟用の、日常生活用のストーンである。**

そのため、ハレの日に傾きがちな日々をおくる現代人、特に都市生活者には実はこういう〝デイリーストーン〟こそ、今、必要なのではないかと思っている。

TURQUOISE

● ターコイズ ●

人生という旅路の優秀なナビゲーター

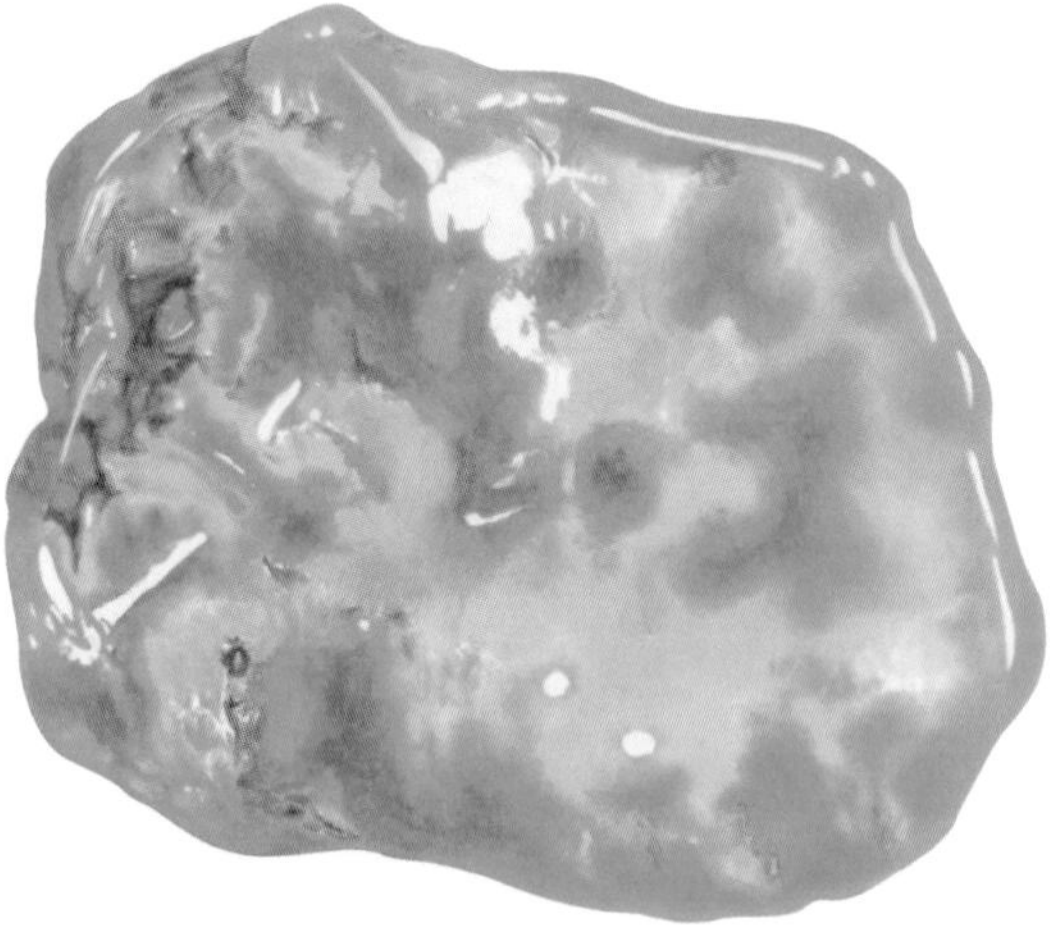

Color	ブルー系
Country of origin	イラン、アメリカ、エジプトetc.
Key word	お守り、インスピレーション、自己実現
Well together	射手座［ ☼ ］、9ハウス［ ☊ ］

ターコイズはトライバル※シルバージュエリーにセットされていたり、お守り的なペンダント・チョーカーとして売られていたりすることから、石が好きとか好きじゃないにかかわらず、生活していると目にすることが多い石であるし、比較的メジャーな石に分類できる石だと思う。また、古くから儀式や装身具につかわれてきたことから、古の時代から人間とも近しい存在であったことがわかる。

さて、そんなターコイズの波動だが、この石から最も力強く感じるものは、**「空の如き広がり」**であると思う。

実際、シルバーアクセサリでもよく見かけるモチーフの「翼を広げて空を舞うオオワシ」や大型の猛禽類、それらの動物たちがもつ躍動的な波動をこの石からは強く感じる。

また、**自由を尊ぶ精神が石の内外に流れているが、その波動が自由を制限するような圧をかけてくる邪《よこしま》な気配を敏感に察知!、その結果、持ち主がトラップにはまるのを回避させたり、遭遇すらさせないようにする。**

そんなナビ的な役割を果たすというのがこの石の効能の一つでもある。

ターコイズは拡張・自由・発展の波動をもつことから、〝越境“を促すラッキーストーンである。そのため、一歩足を踏み出す勇気が必要な人、胆力が試されるようなシチュエーションや役職・ステージにある人、リーダーシップを求められる人、旅・海外赴任等に出る人には是非この石を携帯することをお勧めしたい。

また、この石は射手座の守護石と言われたりもするが、それはこの石自体が”射手座的な要素“を多分に持つからではないかと思っている。

ちなみに射手座性とは”冒険、拡大、知性、旅“。勿論これら以外にも射手座の管轄領域はあるが、射手座とは狩人であり賢者であり先生であり先駆者のアイコンである。

そういった領域で頑張りたい人、パイオニアになりたい！と本心から願う人には、射手座的なパワーを内包するこの石、ターコイズが人生という旅のナビゲーションを担ってくれるはずだ。

※トライバル（Tribal）とは英語で、「種族の、部族の」といった意味をもちます。トライバルデザインはもともと、サモア等の赤道付近の太平洋諸島の民族の間で生まれましたが、現在では他の部族が使用していたデザインも含めて、トライバルデザインと呼ばれています。

央

【 CENTERING 】

私たちが生きていく上でおそらく最も大事なもの。
でもちょっとしたことで傷ついたり、波動が弱まったりするもの。
それが私たち皆がもつ「心」。
外の世界のプレッシャーに圧されてしまったり、
多忙ゆえに心の声が聞こえなくなったりと、
忙しいとは心を亡くすと書きますが、
現代人はどうしても心の声に無頓着になりがち。
そんな底に追いやられがちな心をサルベージし、心身を調律。
心身のリバランスを図ってくれる心のチューナーとも
言えるのがこの「央」の属性の石たちです。

EMERALD

● エメラルド ●

あなたのハートを深く深く癒し、優しい波動で包む石

Color	グリーン系
Country of origin	コロンビアetc.
Key word	純粋さ、原点回帰、心専門のドクター
Well together	乙女座［☼］

エメラルドから感じる波動とは純粋さ、ピュアネス。エメラルドは緑の色味をもつ石の中でも最高レベルに高貴な波動をもつ石である。

仮面を取り去り、自分100%で生きることを促す、原点回帰やセンタリングのバイブスをこの石からは感じるが、それ以外にも我慢、抑圧やストレッサーから解放させるパワーも併せもっているように思う。

この石をアクセサリ等で身につけること、眺めることで心は潤いを取り戻し、きちんと感情を表現することができるようになったりもするので、エメラルドは**感性を呼び戻したり、表現することを促す石**だといえそうだ。

この緑の輝石の心の奥底まで照らすような神々しい輝き。それは多くの人たちの闇を照らすだろう。そして、その波動は**心の奥にある沈殿してしまった怒りや悲しみ、過去の悔恨等を融かし、心を綺麗な状態へと戻していく**だろう。

緑の光を放つ石は他にもたくさんあるのだが、**心専門のドクターであるかのようにここまで深くハートを癒して、優しい波動で包んでくれる石**はエメラルドをおいて他にはないのではないかと思う。

私たちが生きているのは、心・知性・精神の時代といわれる時代。2020年より切り替わった地球の新機軸にあわせ、私たち自身を時代の流れにあわせていくように"心のチューナーのようなもの"を必要としている人はきっと多いはず。本心と対話し、本質以外のものを削り落としていくことが必要な時代だからこそ、心の調律師は増えるはずだし、こういうアイテムの力を借りることもまた、更に効率よく心を整えていくために必要な施策なのだろうと思う。

当たり前のことではあるが、人は働く機械でも、感情の無い生き物でもない。人とは心がある生き物で、理性だけではなくて、感情も使って日々生活をしている。感性があるから何かに感動し、直感が働くから、"なんとなく"合う／合わないや、したほうがいいこと等がわかったりもする。

そして、そういった感性をフルに働かせるには心の器を常に満たしておくこと、心が乾いていないことが大切で、感性を使うための必要最低条件であるともいえる。

閃きや直感、なんとなく感じるものの実態とは、実は心の湖の水面に反射した天のイメージなのだとしたら、心の湖が乾いてしまっていると、ヴィジョンとして水面に何かが映し出されることもないだろう。心は常にみずみずしくあることで、はじめて何かが浮かびあがってくる余地、それをもつことができるのである。

今この世界はとても便利で豊かな状態にある。手軽に色々なものが買えて、24時間開いているお店があって、昼夜問わず、また世界の色々な人たちと国境を超えてやりとりもできる時代である。テクノロジーの進化やビジネスの競争論理によって、世界は一段と"つながった感"があるが逆説的に外と繋がりすぎた故に自分とのコネクション、自分の奥底にあるものとのつながりが希薄になってきているのがこの時代の特徴ではないだろうか。

データドリブンのAI化しないために、心の無いロボのような生き物にならないために、また、より感性を高めもっと人間らしく生きていくために…。

時代はきっとこの石の力を求めている。

INCA ROSE

● インカローズ ●

“個性の時代”と言われ、動揺しているあなたへの解決策

Color	ピンク系
Country of origin	アルゼンチン、ペルー、アメリカetc.
Key word	あるがまま、愛
Well together	1ハウス［♌］

石好きな人であれば、必ず知っている石。石の世界での認知度はTop3にはいるのでは？というぐらい、とにかく知名度が抜群の石、インカローズ（ロードクロサイトというのが正式名称だとされているが、巷では、少なくともパワーストーンの業界においてはインカローズと言われていることのほうが多いのでここではインカローズで通すこととする）。

このピンク色の石、インカローズは**「あるがまま、そのままで愛されることを受容させてくれる」というエネルギーをもっている。**その意味や波動からも個人的に身につけることはないかもしれないが、今、他者軸から自分軸へと大きくスライドするこの世界の様子を鑑みるに、この石を必要としている人はきっと多いのではと感じている。

「そのままで愛される」…言うは易しである。それがなかなかできないから、心理学を学んだり、色々なブロックを外そうとセラピーや量子学、波動療法家のところに通ったり、また、愛されるためのテクニックやモテ情報が世に溢れているのではと思う。恋愛でも家族関係でもなんでもそうだが、"好かれるためにあれもこれもしなくちゃならない"とか"愛されるためにはこれも頑張らないと！"等と、"自分を見失う"って、実はけっこうあることではないだろうか。自分を見失ってブレブレになると、人の顔色をうかがいすぎて疲れるし、反応が無いと病むし、リアクションがきついと凹むしと、"いいこと無しの三重奏"に溺れてしまう。

愛情たっぷりに育っている3－6歳児とかを想像してみてほしい。彼らはきっと"怒られるからもっといい子にしとこう"と小賢しく動くなんていうことはせず、「あれがしたいこれがしたい」と受け入れられることが当たり前の前提で動いているはずで、忖度や空気を読むなんて大人っぽいことはせずに、無邪気に、まさに天衣無縫なあり方で日々を最大限やりたいように過ごしていると思う。

でも、大人になるにつれて、この世界で地に足をつけてリアルに生きていく術を学んでいくと、人はどうしても自分を抑えるとか空気を読むとか、自分の尖った個性を上手に引っ込めることを己に叩き込んでいく。そして幾年も経つ頃には、見事に"能ある鷹は爪を隠す"どころか、隠した爪がなんだったのか、そしてそれをどこに隠したのかすら忘れたり、極めて付きは"自分が鷹であった"ことすら覚えていない！なんていうことが起きてしまったりもするのだ。

そして、そういう人はきっと、特にこの国にはとても多いのではと思う。自分の個性の源泉がどこにあったのか。自分の色が果たして何色だったのか。自分が好きなことはいったい何なのか。たくさんの情報やマナーやプロトコルや社会のあり方といったものが己の上に堆積して、自分が埋もれてしまっている現代人ではあるが、そのオリジナルな個性をサルベージする方法がある。インカローズを使うこと。そのうちの一つが、この石、インカローズは上述の通り、**自分がありのままでいること、そしてそのままで愛されることを許す波動をもつ石**である。そして、**自分の個性に光をあてて、自分らしさを輝かせる石**でもあることから、この石は"個性のサルベージストーン"であると私は捉えている。個性の時代といわれて久しいが、この石はその時代において大いに輝き、私たちの助けになってくれるものであると思う。特に尖った個性があるのに外に出す勇気が無いとか、昔と今ではだいぶキャラが違うといった人たちには、一度この石の波動に触れてみてほしい。あなたの中で生きながらにして生まれ変わるような、転生劇のスイッチが押され、すごいスピードで人生の舞台が変わっていくはずだから。

PRASIOLITE

● プラシオライト ●

人間関係で絶賛モヤモヤ中の人を清涼感のある風で癒す

Color	グリーン系
Country of origin	ブラジル、アメリカetc.
Key word	癒し、人間関係
Well together	天秤座［☾］

ヒーリングと聞くと体の不調をケア・改善していくことを想像する人も多いと思う。この薬は肝臓にきいて、あのオイルは腎臓に良くて、あの秘薬は血流を改善させるといった具合に、洋の東西を問わず、はるか昔から、人の体の神秘は研究されているし、症状を改善する薬や、原因をとりさる技法も開発・発展してきたことから、人の体に対してヒーリングなる言葉は使われるとつい私たちは思いがちである。「それ以外にはなにがあるの？」と。

そう思うかもしれないが、実はヒールにもバリエーションがある。例えば、山で野焼きを行うことや、空間の浄化に音叉を使い、お寺では鐘、お香を使って清浄を保っていることも、それぞれ大地や空間をヒーリングしていると言えるのではないだろうか。こうして考えていくと、ヒーリングにもバリエーションがあることをわかっていただけるかと思う。その延長線上で、ヒール対象が人間関係という目に見えないもののことだって、ある。

ある個体が訴える症状が人間関係からもたらされる場合、つまりその原因の因子が体のなかに無い場合はどうしても"外"を改善せざるを得ない。そしてそれらの原因が人間関係であるとされた時には、その関係自体やそこに渦巻くエネルギーをヒーリングするということだってある。その証拠に各地には縁切寺とか縁切地蔵尊等があるが、あれこそがまさに”人間関係における負のつながりや波動を修復する“装置の一種であり、昔から人と人の間にあるものに目が向けられてきたことの証であろう。これは石の本なので、石に話を戻すが、鉱物の世界にも前述の神仏界に負けず劣らず、色々なパワーをもった子がいるので、人間関係を専門とする石だってちゃんといる。

ここで取り上げる緑の宝玉もそのうちのひとつ。プラシオライト。またはグリーンアメジストと言われることもある、ほぼ透明に近い、クリアグリーンの優しい色の石だ。

プレナイトと似ていなくもないが、こちらのほうが幾分か透き通っていて光の当たり具合によっては、また、遠目に見る限りだと、水晶とか他のクリア系の石に見間違えることもあるかもしれない。

とはいえ、この石は他のグリーン系の石等とはだいぶ波動が違っている。それもそのはず。この石はもともとは紫色をした”アメジスト“だったからだ（正確には天然のプラシオライトもあるが流通量は少なく希少。市場にあるものの多くはアメジストに熱処理を加えられたものであるが、効果は変わらない〈と私は感じている〉。

紫色をしたアメジスト。精神を癒す石なんて言われているが、その子に熱処理を加えていくと薄い緑を帯びた子たちになる。それも全ての石が綺麗な緑になるわけではないから、更にプラシオライトの希少度は増す。紫のアメジストが緑色の波長をもつように"転生"したもの。それがプラシオライト。それゆえ**アメジストのような高い精神性や精神を癒す効果もありつつ、また、緑の波長がもつ胸部に対する波動のアプローチも感じるなんとも"1粒で2度美味しい"石**になっている。

ストレス過多で周りに優しくなれないとか、背徳行為があるとか、人間不信になったりとか、特定の誰かが嫌いになったりとか。生きている限り人は人間関係からは完全にフリーにはなれないものだけれど、そういう"やさぐれモード"、"ひとりだとしんどい！時"には是非この石を頼って欲しい。大概の人からの想念や心に渦巻くどろどろしたものをそっと一吹き、グリーンの風で吹き飛ばしてくれるだろうから。

KUNZITE

● クンツァイト ●

“自分ファースト”が下手な人をチューニングするヒーラー

Color	ピンク系
Country of origin	ブラジル、アフガニスタンetc.
Key word	自分ファースト、本来の自分、自己愛
Well together	4ハウス［♋］

もしも魂というモノに色があるとするなら、きっとこの石のような色をしているのかもしれないなと思う。

この石を眺めていると、なぜかそういった、魂とか本質といったものを想起させられるから不思議だ。この石はギラギラしているわけでもないし、別段、自己主張が強いわけでもない。まったくもって華やかではないし、現世的な波動が際立っている石というわけでもない。インクルージョンも入っていないし、異物入りの鉱石にあるような独特のプレミア感があるというわけでもない。詳しくない人が見たら、透明感強めのローズクォーツかな?!等と、そんな風に見えてもおかしくない石だ。でも、この石には見るものを沼に引き込んでいくような、なんとも不思議な力がある。

不思議な照り感や透明感が素晴らしく、素肌美人のような美しさがあり、また、光を当てると魚の鱗のようにキラキラと輝く、桃色の輝石、クンツァイト。ニュートラルで透明感のあるこの石はずっと見ていられるような引力をもっている。筋状に光を反射して、川の水面のようなキラキラを空間に演出する。そんな光の筋を放つ、この石を眺めていると、"汚れ無き生き方をすること、純粋な気持ちで生きること"へと自然に導かれていく。

ただ、そんな強い浄化への誘引力をもつこの石ではあるが、「浄化してやるぜ！」といった感じの、派手な主張は一切感じない。勿論お高くとまった”何様オーラ“を出しているわけでもない。また、仏様のようなアルカイックスマイルを浮かべてはいるが、**キリッとした佇まいが、濁ったものを寄せ付けない防壁となっている**のが、この石を観察しているとよくわかる。

「自分のことを好きですか。本当は何がしたいですか。本当はどう生きたいですか」

自分と自分を取り巻く環境や全てをそっくりそのまま、”愛情・包容力“というベールで包み、青春期の自分に戻ったかのように、”自己と向き合う“ことに、なかば強制的にギアを入れてくる、それがクンツァイトの作用。**極上のシルクのようなオーラの衣をもち、そのライラックや薄グリーンの光の繭で持ち主の心を自虐的心理や自己否定の感情から守り、本当の自分・元の状態へ近づくように修復し、自分を愛せるようにチューニングを施してくれる。**きっとクンツァイトというのは、本来の魂のあり方へと導くガイド灯のような石なのだ。別ワードで表現するならば、魂のヒーラー等とも言えるかもしれない。「私なんて…」と、自らを否定する癖のある人。人を羨み、自分の素直な欲求を肯定できない人。過去のトラウマ・コンプレックスに引っかかっている人。そんな人たちに、この子はきっと優しく語りかけ、その固く縛った結び目をそっとゆるめてくれる。長い年月をかけてつくってしまった修復不可能のように思われるこじらせも、この石にかかればきっと大丈夫。ゆるゆるとほどいていく作業にちょっと時間はかかるかもしれないけれど、必ずあなたの中にある開かずの間を開き、”封印解除“を達成してくれる。

ただし、他の石のように即効性は無いかもしれない。また、ビリビリくるような強い波動も、石と一体となっているような感覚も無いかもしれないが、癒しのベールで持ち主を包んで、徹底的に”自己治癒“を施す、自己愛モードに切り替える手助けをしてくれる。自愛が下手な人、自分ファーストになれない人。そういう人は今きっと、たくさんいると思うけれど、この石は**その”他人ファースト“になりすぎている状態を卒業し、自分へとフォーカスを戻す自愛ミッションを達成するための最高のパートナーとなる石**ではないかと思う。

GARNET

● ガーネット ●

100％不純物ナシの“私”へと原点回帰させてくれる案内石

Color	ディープレッド系
Country of origin	インド、ブラジル、スリランカetc.
Key word	魔除、純度、真実の姿
Well together	牡羊座［☼］

1月の誕生石で深い赤みが特徴的な石、ガーネット〈赤いガーネット〉として知られていますが、実は緑とか他の色味も存在しています。ただ、ここでは〝赤いガーネット〈ロードライトガーネットとか〉〟を前提にお話しします）。ガーネットはその深い赤みが人気の石で同じ赤系統でもマゼンタ味がかるルビーとはまた違った深みを持っている。赤系のパワーストーンは数多くあるけれど、その中でもガーネットは主役級のハイパワーストーンである。実際にハイグレードなものはそのお値段もハイパー主役級。いい価格がついていることも多いけれど、〝実りの石〟、〝結果をもたらす石〟ともされているので、下世話な言い方かもしれないが、きっと買っても〝すぐに元が取れる〟のではないだろうか。

ガーネットはまたお守りの石としても優秀で、その効果・効能はやはり多くのパワーストーン辞典にも〝効能：魔除〟などと書かれるほど。では、その多種多様な効果をもつガーネットの真の波動とは一体どんなものなのだろうか。

直接、石に聞いてみたならば、真紅の宝玉からはこんな返事が来た。**〝純度を高めること〟**。そして、pureness, purificationのみを目的としてこの石は在るのだ、と。純度。捉えようによってはある意味難しく、また色々な意味で理解することができると思う。ただ、石自体が伝えたかったこととしては、きっと**“まがいものを取り除き、灰汁や垢・澱を排出し、100%の自分であること”**、また、そのような状態を求めることであると思っている。

　話は少々ずれるが、ジュースは100%だから高価で、“うたい文句”として使えるものとなる。勿論50%でもいいのだけれど、果汁100%でないなら、50%や10%、3%はおそらく同じ土俵・レンジの扱いとなるだろうから、その場合はまた違うキラーワードを用意してあげる必要があるように思う。ちなみにホテルのラウンジにいくとよくあるのは、100%のジュース。それもしぼりたてのものだ。この条件(しぼりたて100%)がプレミアムであるからこそ、“それなりのプライス”がつけられるというものだし、またそこにブランド的な価値も生まれる。

　繰り返しになるが、この石の波動・バイブスが指し示すものは、**“自分の軸をしっかりと理解し、ブレさせず、また、まがいものを入れないこと”**にある。ガーネットは1月の誕生石とも言われるのはおそらくその“厳しさと格調にこだわるところ"に理由がある。1とは1番のこと。オンリー1またはナンバー1のこと。もしくはデジタルの概念で言うところの1か0か。つまり極論を言えば、all or nothing。1を背負うということは"そういう完璧さ"、"絶対的なもの"、"強力な個性"が求められるということ。

そして、ガーネットは"血の純度"を上げてくれる石でもある。ここでいう血とは勿論メタファーだが、血とは体を巡る、私たち自身を作るもの。栄養を運び、不純物を回収する血液が回らないと私たちはこの体を保てない。つまり"血のクオリティ＝私たちの体のクオリティ"であり、そこを上げていくことは私たちの人生のクオリティを上げていくことにもつながっていく。

また、ガーネットとは実りの石とも言われるが、それはこの石のパワーにより、**"真実の姿"で私たちが生き始めることにより、"自分に最適な結果・成果"が引き寄せられてくる**ことに起因しているのではないかと思う。**―自分のオリジンを思い出す、原点回帰の石―本当の自分を取り戻させてくれる**要素をもつガーネットは、なんだかそんな石であるとも言えそうだ。

WHITE JADE

● 白翡翠 ●

人格を鍛え、カリスマ性を芽生えさせる賢者の石

Color	ホワイト系
Country of origin	ミャンマー、ロシア、アメリカetc.
Key word	人格者、人徳
Well together	乙女座［☾］

「人格者然とした石」等というと、"石なのに"と思われるかもしれないが、ここで紹介する石、白翡翠の波動は世に言う人格者や、人徳があるとされる人のそれに非常に酷似していると思う。では人格者・人徳がある人の波動とは一体どんなものなのか。まずはそこから解説を試みたい。最初に断っておくが、人格者とは"社会的なポジションが高い人や良き出自の人"を表すものではない。勿論成功者に人格者が多くいることは否定できない事実であるけれど、必ずしも社会的な肩書きとは相関性があるとは感じられないからだ。

さて、ここからが本題の人格の話となるが、人格とは非常に面白い概念であると思う。役職・肩書きであれば、課長よりは社長が、デザイナーよりはチーフデザイナーのほうが上であることは一目瞭然だが、こと人格となると"上とか下とか"という見方をされることがなくなる。ただもっとシンプルに"人格に優れる"とか"人格者である"と表現されることが多いが、その"人格者ｏｒ ｎｏｔ"もしくは優劣のようなものを決めるボーダーがなにかというのは実は明確には定義されていない。あくまで漠然とではあるけれど、多くの人たちの中にある人格者の共有イメージは尊敬できる人とか、儒教の説く倫理徳目である五常「仁義礼智信」を供えている人だとは言えまいか。格という言葉を単独で見ると程度、身分、地位を表すとされるが、人間のもつ人としての精神性、それを高めて、練り上げていくことで"人格の高み"に登っていけるのだとしたら、人の世界とは極論を言ってしまえば、人格というレベルをあげていく壮大な試みであり、また、人としての格式を高めることが人の本懐であるともいえるだろう。人格についての語りが少々過ぎてしまったが、実はこの**「人格を鍛え上げていく試練」において、最高の指導者となってくれるのが、人格者の波動を備える石**、白翡翠なのである。

ちなみに中国や中南米では翡翠は古くから人気があり、時に金をも凌ぐ価値をもっていたとされるが、それはやはり中南米のアステカ等の先住民たちや中国の思想家・英傑たちが、"徳を高める"ことにより、国が治まること、求心力が高まることを知っていたからではないだろうか。人が集まり、指揮系統や各種政治等がうまく機能するには卓越した政治力や優れたシステムは必要だが、なによりも欠けてはいけないものは、"徳分"であり人間力だ。また、それは遺伝等で分け与えられるものでもないからこそ、先人たちは精神性を解いたもの、精神修練の重要性を伝える言葉を世に多く残してきたのではないだろうか。

翡翠は**持ち主にある種のカリスマ性を芽生えさせる石**である。特に白翡翠は翡翠の中でも"**汚れなき**"**波動をもつことから清廉潔白であること、また、純粋に精神修行の道に励むことを己に課す覚悟がある者にのみ、石の持つ叡智やカリスマ性を授けてくれる**ストーンだ。そのため、誰でもがこの石を持てるわけではない。「心にやましいことがあるものは手にすることができず、もし邪な心のものが触れたなら、途端に石の色がかわるのではないか」と思わせるほどに心根がピュアなものしか持つことを許さないような凛とした波長がある。運転免許取りたての素人がF1マシンを運転することはないように、小学生が数億円を扱うことがないように、精神の門を叩いてすぐにはこの石とのご縁は繋がれないし、軽い気持ちでこの石を持つに至ることもきっとないだろう。そして、精神修練に本気ではないものに対して、この石は安易にその力を貸すこともないはずだ。この石との出会いは簡単ではない。ただ、きっと今日、この瞬間も世界のどこかで、その力を授けるに値する賢者が現れるのを待っているに違いない。

PREHNITE

● プレナイト ●

“足りないもの”を求め続けているあなたに寄り添う家庭教師

Color	グリーン系
Country of origin	オーストラリア、インドetc.
Key word	自己分析、クリア
Well together	6ハウス［☊］

ビジュアル的にも効能的にも身につける人を選ばず、ブレスレットにも他のアクセサリにも加工しやすい特性を持つ、クリアライトグリーン色をした石、プレナイト。

見た目はなんともマイルドだが、その効果は見た目に反してなかなか強力で、実のところ、私はこの石の名前は”ブレナイト“なのではないかと思っているぐらい、プレ、どころか”ブレない“意識を高めてくれる石なのである。

また、この石を眺めていると持ち主の心を優しく洗い清めてくれるような、そんなイメージも湧いてきて、”心の洗浄ならおまかせください！“といった、ハートクリアリング専門業者のようなコピーすら浮かんでくるぐらい、**心の浄化と軸設定の波動を強く感じる石**なのだが、実際、**ハートが浄化されてくると、今度は”要るもの・要らないもの“がはっきりとわかるようになるから面白い。**

ストレスが溜まると過食に走ったり、心がざらついたり寂しくなるとつい人に当たったり過度に甘えてみたり、また、時には愛されようとして自分を偽ったりなんていうこともあるかもしれない。実際そういう経験がある人も多いだろう。

だが、**心がクリアだと、そういった”足りないものを埋める**

行為"はもう必要としなくなるものだ。

心が透明なら、自分にとって要らないものをぽいっと手放していける。心が満たされていると、過剰に何かを求めることも減っていく。そして、それらに使っていたエネルギーを他のことに回し、必要なもの・大切な人たちを今よりもっと大事にしたりできるはず。

ちなみに今は自分迷子の人、自分の得意技がわからない人、自分を出すのが怖いという人たちがすごい勢いで増殖中である。なぜなら宇宙がそういう"自分とはなんぞや"という高尚な問いを人類全員に投げかけて、"早く本来の自分に気付け！"というメッセージを絶賛拡散中だから。

自己啓発本、星読み、東洋の各種占術、姓名判断、ストレングスファインダーのような自己分析ツール、心理学的なアプローチ等々、この世界にはたくさんの"自分を見つける"方法があるが、それらが近年急速拡大中なのもきっとこの宇宙からのメッセージの影響だろうと思う。

宇宙からの声を聞いた賢者・識者たちが"自分たちの本質に気づく術"を開発、または再発見し、現代流にアレンジを加えるなりして世界中に自分に立ち返る方法を伝えている今こそ〝人類全体がレッツ原点回帰の時〟を迎えているのだと感じる。また、世の中を見てもまずは世界とか社会よりも〝自分たちのことが先だろう〟ということがままあることから、どんなツールや学問や診断機のようなものを駆使してもいいし、どんなプロフェッショナルな方の助けを借りても良いので、宇宙の追い風が吹く、この自分を見つめる絶好期に〝積極的な己の棚卸しと自己分析と自分の中の真理の探究〟を進めてみるのはどうだろう。

そして自分探究の際、あなたの傍に、お供としてこの石を連れて行くのはどうだろう？

ただし、プレナイトはハートクリアリングストーンであり、心の家庭教師みたいなもの。ライトグリーンの飴ちゃんのようなヴィジュアルほど甘くはないけれど、時にはビシッと、少々スパルタチックにあなたの人生にしっかりと向き合わせてくれるはずである。

BLACK SPINEL

● ブラックスピネル ●

つい自分に甘くなりがちな人に“鉄の意思”を授けるお助けマン

Color	ブラック系
Country of origin	スリランカ、ミャンマー etc.
Key word	エネルギー活性、センスアップ、ダイエット
Well together	山羊座［☾・☼］、蟹座［☼］

格好をつける石。"キマる"石。

センスアップの石等というとなんともファッショニスタな石だなぁなんて思うし、そんなのあるのかなとも思うが、実際にそういう石があるのが石界の面白いところ。ファッショニスタの石、ブラックスピネルは同じく黒の石に属するオニキスやモリオンと似たヴィジュアルをもっているが、実はサファイアとかルビーと近い性質をもつ石でもある。

そのため、波長も黒色の石にありがちな"魔除"というよりは、**持ち主のエネルギーの活性を高めるような、上昇ブースター的な働きがあり、特にブラックスピネルの波長・役割として顕著なものは、社会的な成功や克己心を高める**というものがある。

皆様の中にもいらっしゃるかもしれない。"～～を決めたけどなんか続かないんだよね"とか、"〇〇したいけどどうにも重い腰があがらないんだよね"という自律のマインドがどうにもふにゃふにゃとしがちな方々が…。

そういった、**つい自分に甘くなってしまいがちな方々にこの石は真価を発揮する。自分を律し、節度ある生活をめざし、また、目標達成、初志貫徹を促す!…そんな"鉄の意思"を授**

けてくれるのがこの石、ブラックスピネルなのだから。

自分を戒めたい、つい緩くなりがちな自分を再チューニングしたい、ダイエットを成功させたい！そんな人たちにはこの石は最良のお供になってくれるはずで、達成へと導いてくれる指導者として完璧なチョイスであろうと思う。

そして冒頭お話ししたように、この石は〝格好いい波動〟を纏う石である。

「かっこいい？はて？」と思うかもしれないが、世間を見渡してみて欲しい。〝何を着てもかっこよく見える人〟というのがたまにいる。何を着ても様になる、何をしてもかっこよく見える…どんな動き方をしても、たとえ何かを失敗してもなぜかドラマの主人公のように華がある…え、この人たちにはセンスの精霊でもついてるのかな？という人たちが、現実世界には存在している。

そういう〝華とか凛とした感じ〟のエネルギーをたっぷりともっているのがこの石、ブラックスピネルで、持ち主をとにかく〇〇ビューティーとか、〇〇のカリスマに仕立て上げてくれる、そんな効果をもっているなんともマジカルな石なのだ。それにブラックスピネルなんて、なんだか名前も響きが良くて、かっこいい感じだし(笑)、実際、この石はハイブランドのアクセサリにもよく使われていたりもするから、かっこいい感じなのではなくて、本当に"かっこいい要素"が満載の石なのである。"かっこよく見られたい願望"がある人、モデルや俳優として、または、克己心を高めて、ダイエットや自分磨きに励みたい人は、この石を使ったアクセサリやルースやブレスレット等をゲットしてみてもいいだろう。

最後に、星座でいうとこの石はとても山羊座的だ。自分を律して、社会の中で上昇、登れるところまで登っていく。社会貢献や社会におけるプレゼンスを重要視し、社会の一員としてどうであるかを常に考えている。それが山羊座イズムであるが、そういう山羊座的な社会での成功や貢献のパワーをチャージしたい人たちや、太陽山羊座の人、また、反対のサインである太陽蟹座（対向サイン）の人にお勧めできる石だと言えるので、自分やパートナー、大切な人が山羊座や蟹座であれば、この石を使ったアクセサリ等をプレゼントしてみるのもいいかもしれない。

PEARL

● パール ●

日々の堅苦しさを感じる人を呪縛から解き、許す助っ人

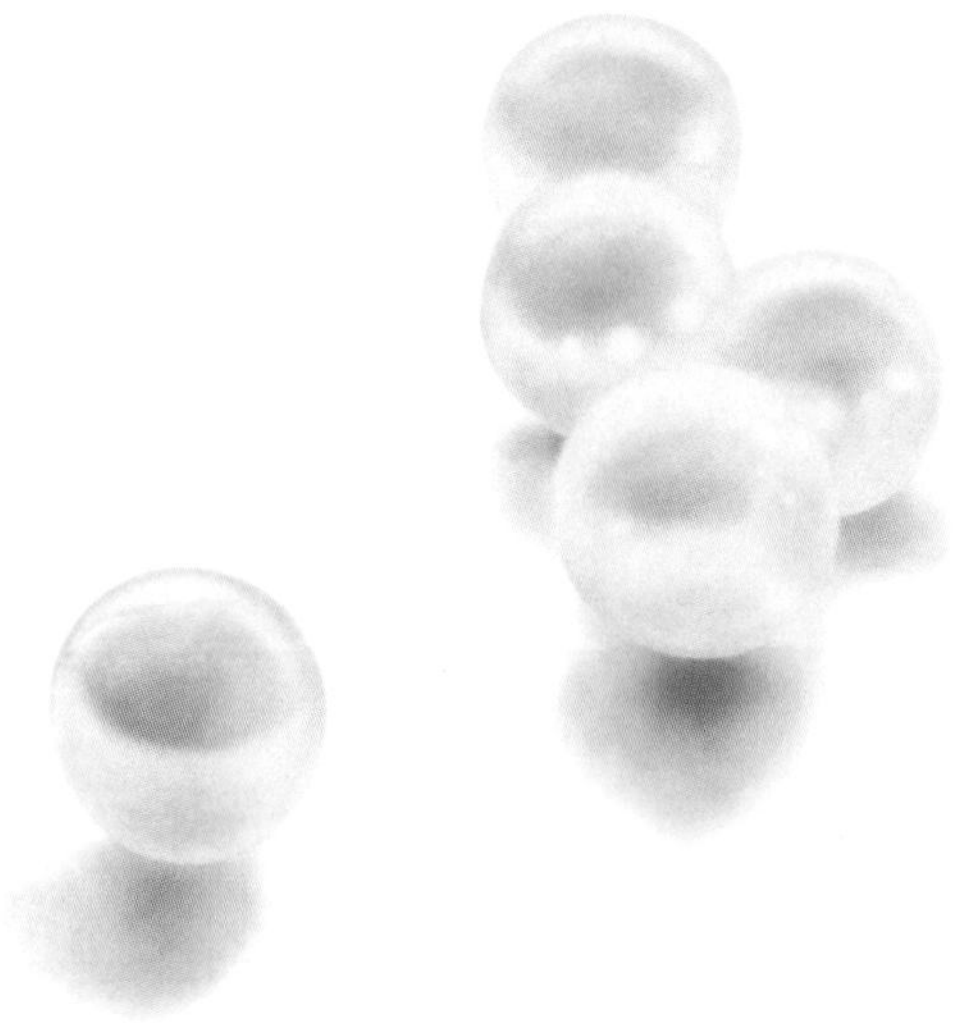

Color	ホワイト系
Country of origin	オーストラリア、インドネシア、日本etc.
Key word	慈愛、母性、優しさ
Well together	蟹座［☾］

私たちの生活の中で最も触れる機会の多い天然石・宝石・ジュエリーストーンのＴｏｐ３をあげよと言われれば、パールは間違いなくランクインされるはず。

正確にはパールはアコヤ貝等、二枚貝類の体内（殻内）で生成されるもののため、"石"だとは言えないのかもしれないが、ここでは鉱物の一つとして扱うことを了承されたい。

パールは古事記や万葉集にも登場し、太古の時代からアクセサリとして使われたり、儀式に用いられたり、また、薬としても服用されており、ある意味、人類との付き合いが最も長い石の一つだと言える。また、日本の国内に有名な産地がいくつかあることから（世界シェアも高い）、パールは特に日本とご縁の深い石であるようにも思う。そんなパールだが、この純白の石から感じられるものは、**"愛される覚悟"とか、"大事にされる資質"という圧倒的な「してもらう系」の波動。**

パール自体の形成方法によるものかもしれないが、基本的に真珠はずっと貝の中で育つ。そしてその貝が棲まう場所・舞台は"母なる海"。貝に海に、そして真珠をつくるためにベストな環境まで提供されているという"優しさ"の波を形成時にその身に纏うからなのか、真珠には**とにかく"トゲ"がなく、**

慈愛とまろやかさと母性とでもいおうか、そういうものがミルフィーユの如く重なっているような優しさのかたまり的な波動を感じる。

そのため、"愛される覚悟"、"大切にされる覚悟"が必要だなと感じる人には是非に身につけてほしい石だなと感じるし、母になる覚悟を持ちたい人にも同様にお勧めの石だと言えそうだ。

そして、この石が日本で多く採れる意味だが、占星術的には(日本国の建国記念日でつくるとたしか牡牛座ベースになるのだけれど、それとは別の波動的な読みをすると)日本が乙女座と天秤座的なバイブスを持っている国であるというところに起因すると思っている。天秤座の波動とは"愛されること"。広く、世の中から、また、周りの人たちから愛されることがこの国に生きる人たちの課題……なんていってしまうと簡単な課題だねと思われるかもしれないが、ここで注意していただきたいのは、"愛されようとして愛されること"と"私をしっかりと打ち出して愛されること"は全く別ものであるということ。前者は愛されるために時には自分を繕ったり、自分を偽ることも厭わない姿勢を指し、後者は自分をしっかりと愛しているので、他者から愛されようとも愛されずとも構わないという気概を持っている状態を指している。

この石が目指すものは**〝あるがままで愛されること〟**。そのため、この国、〝謙遜〟を美徳とし、個よりも集・全体性の中での和や礼節を重んじる国に生まれし者の課題が〝あるがままで愛されること〟と設定されているというわけだ。

日本は素晴らしい国だ。前述したように、多くの場合において理性的・全体優先的な思考が求められるし、また自然が美しく、調和を感じる豊かな国であるとも言えよう。そのため、〝個性的な人〟、〝エッジの立っている人〟、〝切り込み隊長のような先陣を切る人〟にとっては少々生きづらさを感じる国でもあり、〝ありのままでいたい人〟にとっても同様の環境であると言えそうだが、だからこそ、この〝あるがままでいること〟を推してくる石、パールが生きてくる。あるがままで愛される。それはきっと多くの人にとって理想であろう。理屈やシステムやプロトコルは素晴らしいが、それは人を縛るものであってはならない。この石はそういった**呪縛からの解放を促す、許しの石**。日々の生活に堅苦しさを感じたら、是非どうぞパールを傍に。

PHANTOM QUARTZ

● ファントムクォーツ ●

何かをやり遂げなければならない時のためのガテン系石

Color	クリアホワイト系
Country of origin	ブラジル、マダガスカルetc.
Key word	成長、進化、集中力
Well together	蠍座［☾］、山羊座・双子座・射手座・天秤座・牡牛座・乙女座［☼］

パワーストーンショップ等ではグリーンガーデンファントムとかレッドファントムとかホワイトファントムというように、"色名"が名称について販売されていることが多い石だ。色が変わるのは内容物が変わるから。内容物が変われば当然、発する波動等も変わってくるが、ここではあえて"〇〇ファントム"と分けずに、ファントム水晶（クォーツ）がもつ波動自体についての分析・解説を試んでみたいと思う。

ファントムは幻影水晶ともいわれているが、その理由は、"水晶"がなんらかの理由で成長が止まり、また成長を続けた、その年輪というかマークのようなものが線状に現れることに起因している。ファントムを観察するとレコードキーパーやレムリアンシードのそれに近い、時に山形の線・シワが見えるが、それこそが前述の年輪のようなものである。

また、この縞模様こそが一番ファントムらしさを感じられるもので、ファントムラバーたちが最も痺れるのはこの縞模様の綺麗さ、そして水晶のクリアの部分との縞のコントラストの美しさではないかと思うがどうだろうか。

ファントムは実は私も大好きな石だ。**困難を乗り越えるパワーを与えるとか、成長・進化を促してくれるとか、そういい**

うブースト力がとても高い石であるというところに私の中の山羊座みがぐいぐいと惹かれていき、気づけばファントムたちと相思相愛になっている(と勝手に思っている)!

石の処方をしていた頃にはこの石を経営者の方、人気商売の方、伸び代があるのにどこか伸び悩んでいる方や、もっと成長したいという向上心がある方にはそれなりの頻度で出したこともあるが、それぞれ奇跡のV字回復を果たしたり、過去最高益を叩き出したり、フォロワーや指名の数が増えたりもしたから、この石の復活・再生力はすごいものがある。

また、ファントムクォーツは**"集中力"を高める石**でもある。思考が散漫になりやすい方、気が滅入りやすい方、周りに左右される方、周りに合わせがちな方には有用ではないかと思う。**初志貫徹・一点突破の力が高まり、気持ちが揺さぶられることなく、自分のペースでこの世界を、そして己の人生を進んでいくことができる**だろう。

私が太陽山羊座だから、というわけではないが、この石は山羊座、双子座、射手座、天秤座、牡牛座、乙女座の方にはとても親和性が高い石である。成長・具現化というパワーが強いので、"形を作り上げていく・社会・基盤を作っていくことを人生の目標に持っているサイン、山羊座・乙女座・牡牛座の人たち"にはぴったりだと思われるし、また、**"気を集中させる"というパワーが強いため、知的なパワーを高めたいサインの人たち、知力で何かをなす人にも必携のストーン**だともいえるように思う。

気合と根性というとなんだか古臭い論調な気もするが、人生には歯を食いしばって頑張らないといけない時がなんどかやってくる。

そういう時に"不断の努力"に向き合うパワーをチャージしてくれるのはやはりこういう"ガテン系"の石にかぎると思うのは私だけではないはず。

初志貫徹と最後までやり切る何かがある人。絶対に諦めたくない夢がある人。一度この石を身につけてみてはいかがだろうか。

ROSE QUARTZ

● ローズクォーツ ●

“私なんて病”のあなたに自己肯定感アップのエールを送る

Color	ピンク系
Country of origin	ブラジル、マダガスカル、モザンビークetc.
Key word	自分力、自分軸、愛
Well together	1ハウス［♌］

パワーストーン好きなら、いや、さほどパワーストーンについて詳しくない人でも"ローズクォーツ"の名を聞いたことのある人は多いはずだ。薄ピンクの水晶のような石で、おそらくどんな専門店、パワーストーンショップでも扱いがあるといっても過言ではない、石の世界でも1、2を争うほどポピュラーなストーンである。

そんな超汎用性の高い石、メジャーな石であるローズクォーツだが、しかも個人的な感想で恐縮だが、実は近年、ちょっと過小評価されているのではないか？と感じることもある。かなりの量が採れるせいなのか、高価な石でもなく、勿論レアストーンでもない。そのせいか、石に詳しくなってきたり、石の世界をもっと知ってみたくなると"ローズクォーツ"を卒業して、クンツァイトとかセイクリッドセブンとかアメトリンとかに手持ちのブレスの石を組み替えたりしていく人もいる。正直に申し上げると勿論、私もその気持ちがわからなくもない。

ただ、ローズクォーツというのはピッツァで言うとマルゲリータのような石だ。誰が言ったか"ピッツァ道はマルゲリータに始まりマルゲリータに終わる"という。ピッツァはマルゲリータに始まって、徐々に手の込んだもの、トッピングの多いものに流れていくが、最終的にはマルゲリータに戻ってくるということを指すらしい。やはり、全てのものは最終的には”基本“や”超シンプルなもの“に戻ってくるのだと思う。

石の世界も同様で、愛のエネルギーを高めるために、ローズクォーツを持ってみる。

しばらくすると”愛のエネルギー“をもっと試したくて、クンツァイトにトライして、そしてまた少ししたら、今度はインカローズを身につけたりするかもしれない。

そして最終的に行き着くところはなにかというと、実は先ほどのピッツァの理論のように、おそらくはこの石、ローズクォーツなのではないかと思う。


ビジネスも恋愛も健康状態の維持も、家族との関係性も、何はさておき、自分がしっかりとあることが基本だ。

自分力＝”I力《あいりょく》“。この充実・安定が基本のキであり、また、何かを発展させるにしても欠かせない土台のようなものだとも思う。当たり前だが、自分軸がブレるとやはりそこから派生するものは全てブレていく。どれだけいい本丸を作り上げても“土台・石垣”がずれれば、上がグラグラするのは必定。そして、全てが台無しになっていく。何を成すにしてもまずは土台となるーの波動の安定が欠かせないことはお分かりいただけたと思う。

　そして、そんな**全ての土台とも言える“自愛”にまつわる欠けや傷みを補正・強化し、軸のブレを解消してくれるのがローズクォーツの真の力**なのである。実際、**この紅色玉の“自愛”を促す力、そして、自己の肯定を促すパワーは他の石たちの追随を許さない。**

　自分に自信が無い時、一歩踏み出す勇気が無い時、そしてなんといっても、“わたしなんて病”にかかっている時。この石はあなたの全てを包み込み、あなたの在り方を全肯定して、落ち込みやダウナー状態からの回復を促してくれるはず。

　そんなあなた専属の応援団のような石、それがローズクォーツなのである。

LEPIDOCROCITE

● レピドクロサイト ●

迷っている、やる気が出ない、そんなあなたへの特効薬

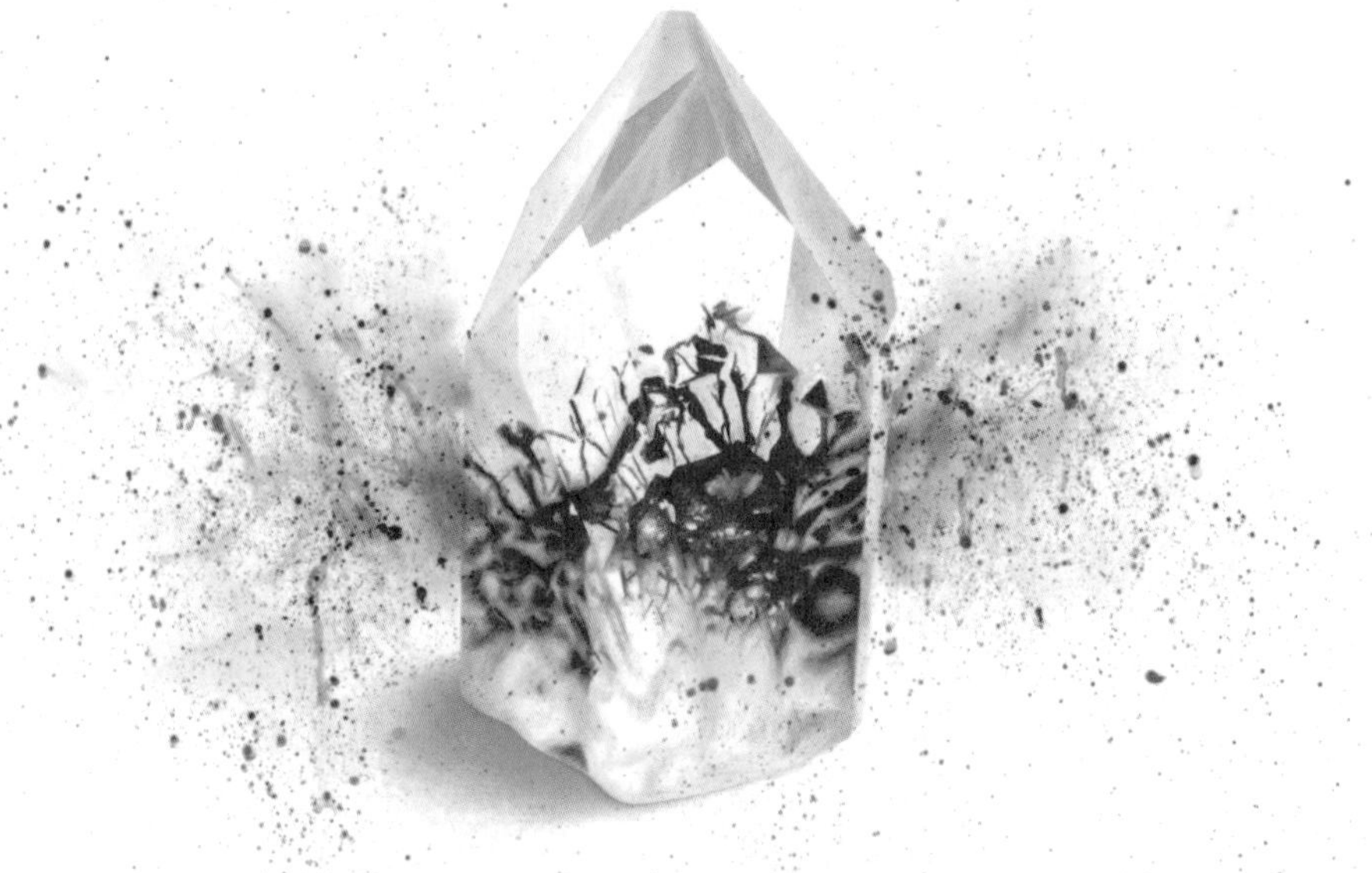

Color	レッド系
Country of origin	ブラジル、マダガスカルetc.
Key word	情熱、パッション、やる気
Well together	牡羊座［☾］

レピドクロサイトはしばしばレピドクロサイトインクォーツとかファイアークォーツとかいわれている石である（正確にはレピドクロサイトが水晶の中に内包されているもの。クリアな石の中に赤い粒々が入っている、その粒々の部分がレピドクロサイト）。まるで飛び散った火の粉がそのまま水晶に内包されたような、または、赤いラメが水晶に閉じ込められているようなヴィジュアルがとても印象的な石である。

スーパーセブンと言われる7つの鉱石を内包しているスペシャルストーンがあるが、その石を構成する1つの要素がこのレピドクロサイトでもあることから、一見すると"レピドクロサイトインクォーツ"＝スーパーセブン？と思うほど、お互いがそっくりさん同士のヴィジュアルとしていることもあるため、店頭で見かけた際には注意が必要である。

さて、そうした商業的な側面やヴィジュアル面はさておき、ここからはこの石の効能というか波動について綴っていこうと思う。

この石を眺めていくと奥から、"メラメラ"したものとか、"パチパチ"、"ジュワーッ"としたものを感じることがある。バーベキューのあの感じやキャンプファイヤー、もしくは炭火のようなものを想像してもらえればわかりやすいかもしれない。メラメラ&パチパチ&ジュワーッとはなにかというと、この石が内部に秘めるパッション、情熱のこと。レピドクロサイトは**”着火剤“のような作用をもっている。**あなたの中にあるちょっとした欲求やトライしてみたいなにか。でもなかなか火がつかない何か。そういうものに種火を寄せてみる。パッと火がつき、少しの間火が大きくなるまで見守って、もう大丈夫かなとなったら種火は次のところへと旅立っていく。

レピドクロサイトインクォーツはファイアークォーツと言われることもあるが、そのファイアーの名前はあながち過剰でも盛りすぎなわけでもなく、”着火する作用“をもつことを考えると、とてもストレートなネーミングでもあるように思えるがどうだろうか。

—最初の一歩が踏み出せない。—自分を楽しませることが苦手だ。—積極性に欠ける気がする。—習慣を壊す・手放すことができない。そういう悩みや課題がある人にはとりあえずこの石に触れることをお勧めしたい。あなたの中にある”秘められたなにか“に火をつけてくれるだろうから。また、**あなたの中にある悪しき習慣や癖のようなものを燃焼処理して**

くれたりもして、あなたを引き止めるものを減らし、あなたを前に進ませる推進力を倍増してくれるだろう。人生にはモチベーションとか〝理由〟が必要だと思う。目標があったり、やりがいがあったり、やる理由があるからこそ人は継続できたり、努力ができたり、研鑽に励んだりできる。登山家が山に登る理由を聞かれて、「そこに山があるから」と答えるのを聞くことがあるが、まさに人生には〝登るべきなにか〟はつきものであるし、またそれがあるから人は〝明確な目標〟をもち、ぶれずに進んでいくこともできる。

とはいえ、ふとしたきっかけでそういう目標を見失ったり、居心地が良すぎるベースキャンプに入り浸り、山に行くという目標を忘れてしまうことだってあるだろう。でもそんな時、身につけて欲しいのがこの石、レピドクロサイトである。あなたに目標を授け、モチベーションの源となるものを投下する。そして、あなたの内で〝メラメラ〟と何かが燃え始めることとなる。迷った時ややる気が出ない時には、レピドクロサイト！……その名を、そして赤い粒の入った特徴的なヴィジュアルを覚えておいてきっと損はないはずだ。

PERIDOT

● ペリドット ●

私たちに無限の愛を大盤振る舞いしてくれる太陽のよう

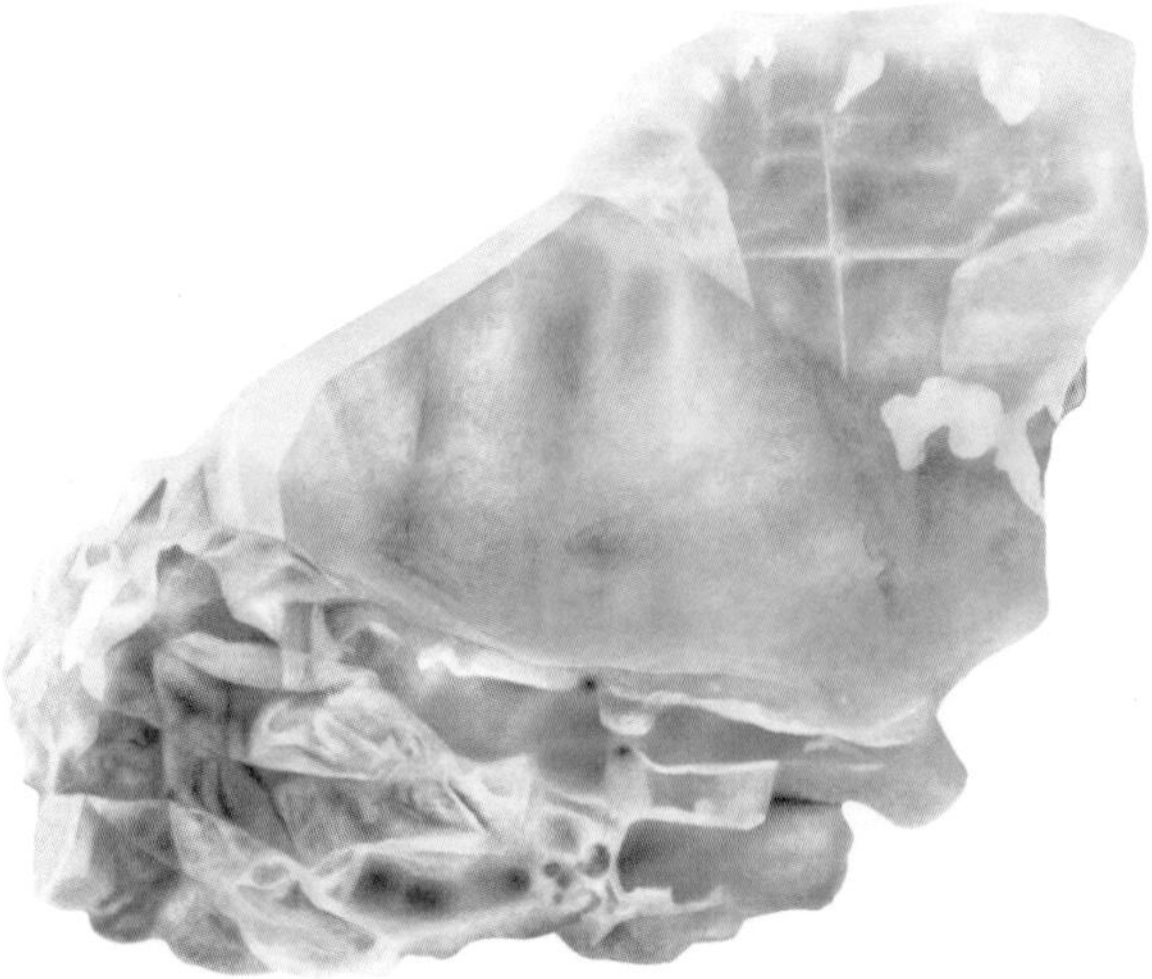

Color	グリーン系
Country of origin	アメリカ、中国etc.
Key word	ポジティブ変換、関係長持ち
Well together	獅子座・乙女座［☼］、7ハウス［☊］

透明な緑色をしたこの石は、昔から夫婦和合の石とか家内安全とか太陽の石等と言われてきた。また、8月の誕生石でもあり、獅子座・乙女座の人のバースストーンでもある。

そんなペリドットだが、主たる効果というか、この石が帯びる波動とは**圧倒的な"ポジ変換"力**だと思う。**ネガティブな波動をポジティブに変える、ネガティブな思考や不安を明るいものへと昇華させる。そういった"不思議なコンバート力"**がこの石にはあるのだ。

この石は**迷いがち・後ろ向きの思考になりがちな人には特に強く発動する。**そういう気質の人がこの石を持ったなら、まさに"太陽の光の如く"、明るく・ブレ無く・引っ込まなくなる等、大胆なキャラクター変換がおきたりもするはずだ。

そして、この石が夫婦和合の石と言われる所以だが、それは親以外で一番近くにいる人…配偶者の近くにいるが故に見えてくる不満や心配事や苛立ち…そういうものをさらりと綺麗に浄化してくれるからではないかと思う。親でも子供でも"血縁"であれば、致し方ないと思えたり、かわいさゆえに黙殺できたりもするものだ。また、後天的に生じた家族である(結婚等で家族になること)と、愛されポイントであるとすら思えることも永劫に受け入れ続けるのが難しかったりするのではないだろうか。

そんな中、この石は**そういう"不満感"とか"拒絶感とか苛立ち"を上手く中和し、関係を永続させるような働きをする**ように思う。

また、ペリドットは"太陽の石"と言われることもあるが、それもそのはず、この石の波動は（その色からはお日様っぽいとは思えないかもしれないが）、まさにお日様の波動・バイブレーションであるからだ。

この石に触れる機会があるならよく観察してみよう。手につけてみたり、眺めてみたり、石の部分をさわさわ触ってみてもいいかもしれない。するとどこからともなく、天気の良い日に干したお布団のような、ほっこりとしたバイブレーションがあなたに届き始めるのがわかるだろう。

太陽が私たちに無償の愛を届けてくれているように、この石も持ち主たちに無限の愛と太陽的なエナジーを届けてくれる、大いなる愛の波動をもっている石なのである。

COLUMN

03

ペリドットの価格は今後、極端に上がっていく!?

緑の石、ペリドットは8月の誕生石ということで、お守りとしてまたはギフトユースとして、この石のジュエリーを求める方も多いはず。

ただ、この石は小さめのサイズならそれほどでもないが、サイズが大きくなるにつれて価格が跳ね上がっていく傾向がある。勿論、他の石もサイズアップに伴い価格は上昇するが、この石の場合はその上がり方が極端なので、もしペリドットを探していて、程度のいいペリドットで値段もこなれているものを見つけたら購入してしまってもいいだろう。

ペリドットは産出量も減ってきている（閉めている鉱山もある）ので、これからは値段が高騰していく石の筆頭格の1つであろう。

MORGANITE

● モルガナイト ●

"愛"が何かを忘れてしまった心を救済し、再び灯すキャンドル

Color	ピンク系
Country of origin	ブラジルetc.
Key word	愛の復活、救い
Well together	5ハウス［♌］

もし〝恋の仕方を忘れてしまった〟とか〝人を愛することを誤ってアンインストールしてしまった〟というのなら、この石・薄ピンク色をした可愛らしい輝石・モルガナイトを手に取ってみることをお勧めしたい。見た目はローズクォーツに近しいが、ローズクォーツが自己愛の修復や自愛とか自意識の調整をしてくれる石だとすると、この石は**〝愛とは何か〟というような人を想うこと、愛とか恋といった感情の尊さ、それらを蘇らせてくれる、〝愛の復活〟の石であり、〝人としての感情のみずみずしさを蘇らせる〟パワーがある輝石**だと思う。

経済・物質的な豊かさへの偏重。過剰な成果主義への傾倒。ルッキズムが過剰崇拝されていること、等々、今この世界には〝偏り〟が多くみられる。

でも、人の本質は心であり、魂であることを考えると、それらは〝人の世界の一部〟でしかなく、むしろ、過剰に物質側に偏ったマインドや世界観は、時に本質を生きることから遠ざけるような働きをする等して、精神とか生きる喜び、人と交わる感動を阻害するという〝弊害を生む〟ことすらあるのではないか。

〝物質世界の壁に遮られた〟状態。意外と多くの方がこの状態にあるような気もするけれど、そういった状況を打破するために、心に"人の心を取り戻すため"に、また、"恋は盲目"ではなくて、愛に対して盲目的な自分を見つけた時、"心に灯りを灯すため"の火打ち石であり種火になってくれるのは、この薄ピンクの石、モルガナイトであると思う。

ただ、この石は"運気を上げる"とか"財運を上げる"というわかりやすい動きはしない。また、ルチルとかダイヤとかサファイアのような、ビリビリくる！といった、ダイナミックな波動も持ち合わせていないように感じる。

この石は、その本懐として、**"愛の火種を深き闇に落とした人たちの心を救済し、その心に再び火を灯していく"石**なのだ。そしてそれがこの石の使命。

その働きは微細でとても小さなものではあるが、この"灯火"に心救われる人はきっと相当数に上るのではないだろうか。特に私たちが生きている現代のような、どこか偏りの多い、アンバランスな世界においては…。

COLUMN 04

感受性や想像力豊かゆえに生きにくさを感じる人にもピッタリ

　かつてモルガナイトを処方したのは、本来みずみずしい感性をもちながらもそれに蓋をして生きていたような方たちでした。豊かすぎる感受性や想像力に富む性質をもっていると、時に普通の社会生活を送ることに支障をきたすことも…。彼女たちは自らそういったセンス、感覚を封印していたのです。ただ、この石を処方してからは彼女たちは変わりました。自分の感性や感覚、想像力を打ち出すことを少しずつですが実行し、パートナーができたり、個展等を開くようになったり、副業で料理関係のことを始めたり、他にもたくさんの自己実現、自己の解放劇が起こりました。この石は心の詰まりやブロックを解消していく波動をもつ石。そして、持ち主に希望や前向きに生きる勇気を与える石でもあります。もしそういった“封印した何か”をおもちであれば、一度この石をもってみてはいかがでしょうか。きっと最もダメージの無いやり方で、ブロック解除に尽力をしてくれるのではと思います。

HYPERSTHENE

● ハイパーシーン ●

存在が軽いと悩む人へ、成熟した大人っぽさをもたらす石

Color	ダークグレー系
Country of origin	アメリカetc.
Key word	気位、使命感、武士のような
Well together	山羊座［☾］

この石は決してメジャーな石ではない。なんなら位置付け的には知る人ぞ知る、みたいな石かと思う。見た目もメタリック調のダークグレーで、車のボディカラーみたいな色味だから雰囲気的な好みもきっと分かれるはず。好きな人は好きだが、苦手な人は一生ご縁が無いような、そんな石ではないかと思う。

ただ、この石のすごいところは、そして**この石がもつ唯一無二なところは、波長が、「武士」みたいであるというところ**だ。"武士は食わねど高楊枝"なんていうが、**この石から伝わるプライド・威厳・気位、責任感の強さ、そして、内から伝わってくる闘志や使命感。それら波長全て、"武士そのもの"**なのである。

身を挺して人々や主君を守り、律を遵守し、決して侵さず。地味だろうが質素だろうが文句は言わず、目標達成のために懇々と任務に向き合う。最後までやりぬく粘りと根性。鉄の意志…いや、石とはまさにこの石のことであろう。

なんでもインスタントに、なんでもさらっとやってしまいがちな、なんならちょっと軽薄になりがちなのが私たちが生きている今の世界線"あるある"かと思うけれど、"やるときはやる〝という底力とか絶対的な頑張りが求められるシーンが一年に一、二回とかはあるはずで、そんな時に力を貸してくれるのが、この武士！いや、サムライハートが転写された石・ハイパーシーンなのだ。

鋼鉄のメンタルと気合と根性。ちょっと〝概念としては古い〟のかもしれないけれど、そういうパワーが必要な時は人生にきっと何度かはあって…。目標貫徹のために命を削ってでも向き合わないと！という時に、この石を身につけてみて欲しい。オーディション、コンペ、プレゼンの本番、人によってはお見合いとかも勝負といえるかもしれないが、そういう時こそ是非、この石をポケットに！　そして、日常的に使いたい向きにはブレスレットにするのもお勧めだ。**自信をバックアップし、苦手なシチュエーションでも緊張しないとか、安心してミッションをこなしていける**のではないだろうか。

また、つい軽いキャラになりがちとか、重厚感に欠けることを気にしている人もこの石に触れてみるといいだろう。存在感に深みを、キャラクターにシリアスな波動を加味し、成熟した大人っぽさの演出に一役買ってくれるはずである。

COLUMN 05

押しが弱い、強く出られない…男性性をアップさせることも可!

本文の中で（アマゾナイトの項P.154）石を男性や女性にわけていく…といった話をしましたが、そういう表現をするなら、この石、ハイパーシーンは圧倒的な男性性をもっている石だといえます。

この石のもつ男性的な波動は他の石たちの追随を許さないほどで、揺るぎない意思の強さと折れない心、リーダーシップを石の持ち主に授けてくれます。

そのため、男性性が足りないと思う人（性別を問わず）にはこの石はとてもよい作用をもつと言えます。具体的には“強く出られない”、“押し切られてしまう”、“いじめやなんらかの集中砲火に合いやすい”といった場合、人にはこの石は最適なチョイスの一つとなるでしょう。強さや厳しさ、勇気といったエネルギーをチャージし、自分を律し、鍛え、また、磨き続けることで困難に打ち勝てる自分になるはずです！

CARNELIAN

● カーネリアン ●

頭脳労働のしすぎで身体感覚が鈍っている人を最適化

Color	オレンジ系
Country of origin	インド、ブラジルetc.
Key word	身体感覚の覚醒、五感力アップ
Well together	2ハウス［♉］

今の世はデジタル全盛。そのため、インターネット、頭脳労働が主流で、ロジックや理性・理屈が優先されて、気づけば体の感覚、感性的なものがおろそかにされがちではないだろうか。つまり頭でっかちになるばかりで、それ以外の感覚、特に足元が弱く、まさに〝地に足がついていない状態〟になりがちなのが今の私たちと私たちを取り巻く環境の真実なのである。

周りを見渡してみて欲しい。周りにもきっと一人や二人は超絶頭脳労働＆ＰＣ作業ばかりで、ほとんど外にでない！という方、いらっしゃるのではないだろうか。特にインフラが整い、デリバリー等も充実している都市部ではそういう人たちは実は相当数いるはずである。そういった理性・ロジック・データが先行しすぎて、またはインドアな暮らし、過剰な頭脳労働に偏重し、色々なものが置き去りになりやすい時こそ、この石、カーネリアンの出番である。

イタリア語でお肉は〝carne〟といい、カルネと発音する。そのカルネなる音を含む石が、その身に太陽の色・オレンジをもつ宝玉、カーネリアンだ。本当に肉々しい色味をもつ石なので、そこからこの名前になったの？と思うほどなのだが、どうやら石の効果も「お肉にまつわるもの」であるようだ。**「お肉的なもの」とはすなわち身体性のこと。**この肉体的な石、カーネリアンは**身体感覚を高める作用をもつ石**だ。そのため、**運動したくなるとか、活発に外に行きたくなるとか、美食をしたくなるとか、アロマやお香を焚きたくなるとか、五感の感覚を最大限に高めて、生きる喜び、三次元ボディをもつことで得られる感覚を呼び覚ましたり、思い出させてくれる。**

カーネリアンはオレンジからレッドのボディカラーをしていて、特に男性からすると身につけづらいとか、好みがだいぶ分かれる石かもしれないが、**個人的には頭脳系に偏りがちな"男性"にこそ上記理由、"身体感覚を取り戻す"ために是非ともお勧めしたい石**である。頭脳労働・ロジック偏重主義もおおいにけっこう。ただ、グラウンディングをしてしっかりと大地に根ざすことや、身体性をしっかり伴って生活を営むことも三次元に生きる人間にはとても大事なことである。

天・地・人なんていう通り、天の気をもらうこと、大地の恵みから栄養・滋養をもらうこと、そして人としての体をもち、人間界での喜怒哀楽を楽しみ、また、その人としての生命を全うすること。それがこの世界に人として生まれた使命だとすると、天地人の3極において、そのどれかにバランスが偏りすぎることなく、よき塩梅でその3つを取り入れることがとても重要なポイントであるように思われるがどうだろうか？

また、比較的カーネリアンは安価で、あまり"すごい石！"とは言われそうになかったりもするけれど、実のところ、その"肉体性"を取り戻すパワーは特筆に値する。

- 忙しくて人と付き合うのがめんどくさい。- 頭脳労働ばかりで体をかまっていられない。- ご飯に興味が失せて栄養だけ補給すればいい。- 家族と会話する時間がもったいない。等、これらが一つでも当てはまれば、カーネリアンのお世話になるのはどうだろうか。

カーネリアンは"地球を楽しむため"の石。だから、この石を持ってみたならば、"この地球上にいる間ぐらいもうちょっと楽しいことしてみたり、絶景を見に行ったり、おいしいもの食べたりしてみなよ"等と、あなたを"愉楽"の世界へと誘い出してくれるかもしれませんよ。

CHRYSOBERIL

● クリソベリル ●

本来の自分の姿へ、なる早で脱皮させる超優秀・指導員

Color	グリーン系
Country of origin	ブラジル、スリランカetc.
Key word	超誠実、ブレない、純粋
Well together	6ハウス［♌］

緑の石に比較的共通しているパワーに、「誠実さ、ブレない心」というものがある。実際、ハートチャクラの色は緑系統だから、〝なるほど、色とシンクロしているのね〟とも思うのだけれど、それにしても不思議なほどに緑の色味をもつ石には心を暗示するものが多く、〝色がもたらす効果〟というのは実に計り知れないなぁ等と深く感心させられる。

この石はそこまで〝有名な石〟ではないかもしれない。ラピスラズリとかルチルクォーツ、はたまたムーンストーンほど名前は知られていないし、改定された誕生石に名を連ねたのも近年のことだから、知る人ぞ知る石であるといった方がおそらく正しいだろう。しかし、有名ではないとはいえこの石はとても魅力的だ。例をあげるとするなら、クラスに一人や二人は間違いなく存在していた、**〝目立たないかもしれないけれど、絶対に裏切ったりせず、裏表の無い、歩く誠実さんのような石〟**だと言えるかもしれない。また、**困った時に、〝助けて〟といえば必ず手を差し伸べてくれるような友人。そんな〝超誠実な人〟のような真っ直ぐな波動をもっている**、なんとも稀有な石、それがこの緑の宝玉・クリソベリルなのだ。

ブレない心、寄せない・寄らない心、純粋・純真さ。そういうものをこの石は純度高く内包している。ディズニーのアニメ「アナと雪の女王」ではないが、まさにあのテーマソング「Let It Go」のテーマ性そのままに、持ち主に、**“ありのままでいい”と恐れを手放すことを促し、“無為自然に、流れのままに過ごすこと”を許してくれる石**でもある。そういうおおらかさ、そして**圧倒的な“肯定力”をもつのがこの石の特徴**であるから、常日頃からぶれやすい自分に悩む人、自分らしさを別のものでコーティングしてしまっている人がこの石を持ったならば、長年被り続けていた被り物を脱いで、本来の自分で生きる勇気がチャージされるはず。

　この石を身につけると、早晩“ファスナー”を下げて、えいやっと外の世界に飛び出すこともできるかもしれない。その“本来の自分へと戻る”タイミングは人によって異なるだろうけれど、この石もなかなかどうしてそれなりにパワフルではあるから、よほどのことがない限り、それほど時間はかからないのではないかと思う。あなた本来のあり方、自分のありのままの姿の“ご開帳”、それがこの石を持つ者だけが体験できるミラクルであり、石の効能なのだと思う。

浄

【 PURIFYING 】

この世界を生きていく限り、ストレス、プレッシャー、
人や場所から受ける気のようなものまで、
色々な要素が心身に溜まります。
この世に生きる限りこういった〝俗世の穢れ〟のようなものに
触れ合うことは必定ですが、そういった外部要因による
〝不浄〟を綺麗にし、心身を禊ぐ作用をもっているのが
この属性の石です。
他の石等のように活気を出すとか気持ちを上げるとかは
得意ではありませんが、とにかく守ること、
浄化することに長けている、鉄壁のガーディアンであり
ヒーラーだと言えるのが、この「浄」の石たちです。

CRYSTAL

● 水晶 ●

一切の穢れをもたず、半端ない浄化力を放つ天然の洗濯機

Color	クリア系
Country of origin	ブラジル、中国、アメリカetc.
Key word	天然の洗濯機、未来を透視
Well together	ALL

誰もが知るパワーストーンで、天然石・鉱物の代名詞。誰が持っても大丈夫で、持ち主を選ばず、オールマイティなパワーをもつ石、水晶。

水晶はクリスタルとも言われ、地中深くで長い年月をかけて形成される天然の石英のこと。世界中至る所で産出されることから、古くから呪術具、薬、装身具として使われてきた歴史をもっている。水晶のでき方等の詳細は専門のサイト等に任せてここでは割愛するが、基本的には100年かけて1㎜の厚みができるとも言われているから、今、これをご覧のあなたが持っている水晶のブレスレットや水晶のアクセサリは、数千年クラスの"お年"を召しているものだと思っていただいて間違いない。

そんな"鉱物界の長老"みたいな水晶だが、この石の波動は至ってシンプルである。

石の長老、水晶の波動。それは一切の"穢れが無い"というものである。水晶自体の無色透明のボディからも、この石の波動が浄化を促すものであることはなんとなく想像しやすいと思うが、**水晶とは天然の洗濯機のことだったのか！というくらい、素晴らしい"浄化力"をもっている。**

また、磨かれたガラスの前に立つと鏡のように"自身を映し出す"ように、この石は**色々なものを映し出す、魔法めいた石**でもある。よく占い師のイメージで、ローブのようなものを被った人が水晶を眼前に置いて水晶に話しかけるといったシーンが描かれたりするが、**水晶は色々なものを透過して、"透視"する力を授ける石**でもあるので、ああいったステレオタイプなイメージも決して"的外れ"というわけではなさそうだ（とはいえ、あのイメージは過剰に演出がされ、怪しい感じはするけれど）。

水晶は**自分のこと、人のこと、未来のこと…、色々なものを見せてくれる。**とはいえ、水晶玉に映像が浮かび上がるという類のものではなく、インスピレーションや音、パッと閃くヴィジョン、もしくは夢を通じて、といった形で持ち主にメッセージを伝えてくるのである。

そして、水晶の鉱山は世界中に散らばって存在しているため、水晶といっても本当に様々で、ヒマラヤ水晶（P.366参照）、アーカンソー（アメリカ）、ブラジル、中国等、産地によって波動が異なるので味見をしたり、波動の差異を感じてみるのも楽しいかもしれない。個人的な意見となるが、以下に代表的な産地ごとに特徴を記してみたので参照されたい。

ヒマラヤ産：ガネーシュヒマールやアンナプルナ等、色々な鉱山があるので一概には言えないが、ヒマラヤ産に共通する波動はとにかく"厳しい目標があるものを応援する、突き抜けていきたい人向け"のもの。なんらかの勝負に出たい人、競技者やストイックな生活を送る人にお勧め。

アーカンソー産：ミニマルな生活をしたいとか、無駄なものをもたずに暮らしたいといった人にはとても寄り添ってくれそうな波動。ピュアな波動のとても高い産地。

ブラジル産：美しさ、肉体的な美、健康等に興味がある人、トレーナー、美容家、エステティシャン、モデル、俳優等、表に立つ人に最適な産地。

中国産：アンテナを常に立てておかなくてはならない人に寄り添ってくれそうな、情報アンテナ系の波動が高い山地。トレーダー、メディア関係者、アパレル業で働く人、配信者等には最高のお供となりそう。

AQUAMARINE

● アクアマリン ●

"素直になれない""意地っ張り"な自分を解かす、受容の石

Color	ブルー系
Country of origin	ブラジル、パキスタン、マダガスカルetc.
Key word	絆、受容、理解、愛
Well together	魚座［☼］、7ハウス［☊］

アクアマリンは透き通った水色が美しい石で、3月／魚座の誕生石でもある。魚座といえば、もう皆様ご存じのように、そのシンボルは紐で繋がれた二匹の魚。紐で繋がれた二匹の魚は時に離れ合い、またある時は寄り添ってを繰り返し、〝この世界〟という川を右往左往しながら、正も邪も、善も悪も、色々なものを体験しながら生きていくバディ(ペア)である。その道中は決して楽なことばかりではなく、苦しいこともきっと多いはずだが、その二匹の魚は求道者のように、世をさすらい、世俗の中で喜怒哀楽を感じ、この世界を遊び尽くしていくのだろう。

　では、この魚たちの求めているもの、ゴールとは一体どこなのだろうか。その番《つがい》の2匹が最終的にたどりつくところはどこなのか。

　二つの存在がある事象に対して反対のことを言う。俺はAが好き。いや私はBが好きだ。俺はCが食べたい。私はDを飲みたい。俺は△△に旅してみたい。私は家にいる方がいい。二つの別個体は思うこと、感じることも別々で、対立や離反、幻滅等をきっと何度も感じさせられるだろう。でも、〝それでも〟と言えるかどうか。それでも〝○○がいいところだよね〟とか”確かにAもいいよね“等と、対立・反対意見のなかに光を見出しはじめると、この2つの存在はその”紐で結ばれた二匹の魚“であることのレゾンデートルを認識し始める。

片方が好きなものを(たとえ自分がそれを苦手だとしても)受け入れる。自分がやりたいことを受け入れてもらうように努力してみる、そしてもう一方はそれを受け入れる。

そういうやりとりをすることで、反発・反対のエネルギーは消え失せ、そこには逆に受容・理解・調和が生じ、最終的には、相手をまるっと受け止める「愛」が芽生えはじめるのだ。

愛の極地。それを体験したがために、互いを紐でつなぐ。不自由さが生じさせる”愛という可能性や豊かさ“を体験するために。二匹の魚のゴール、求める境地とはきっとそういった”調和と愛“の世界なのではないだろうか。

3月の誕生石、アクアマリンはそういった**”相反するものたち“を繋いだり、調和させることに長けている。**だからこそ魚座・3月の誕生石となっているのだと思うが、基本的にはこの石は、**融解・融和の波動をもつ石で、全てのものの強張りを解かし、緊張を緩め、そして、ほぐしていくという作**

用をもっている。

そのため、素直になれない、強情である、自他に許しを出すことができない、つい厳しくなりがちで批判や反対意見をいうことがくせになっている等の性分をもっている人たちに最適な石であると思う。

全ての物事を"ま、いっか"で済ませるのがベストな生き方であるとは流石に言わない。ただ、多少は"融通を利かせた方がいい"という状況は人生にはままあるものだ。また、古いやり方に固執し、(新しい方にシフトした方がいいのはわかっているのに)シフトをするタイミングを逸してしまった!なんていうこともあるかもしれない。

特に時代が大きく変わる今のような時代にはライフシフトがそれなりの頻度で起こっていると思うが、そういう時にこそ、この石の波動を借りてみるといいかもしれない。想像よりもっと気軽に"色々な変化を受け入れて、変容を許すことができる"かもしれず、そうしたならば、きっともっと生きるのが楽になっていくだろう。

アクアマリンとは"つい小事にこだわりがちな自分から卒業させてくれる石"なのではないかと思っている。

ONYX

● オニキス ●

持ち主である“あなた”をひたすらに守り続ける本物の黒子

Color	ブラック系
Country of origin	インドetc.
Key word	負をシャットアウト
Well together	蠍座［☾］

オブシディアン、モリオン、ブラックダイヤモンド、ブラックスピネル、黒翡翠…と、世の中に黒い衣を纏う石は数多くあるが、オニキスはその効能や知名度から"黒のボディをもつ石たち"の代表格と言ってもいいだろう。オニキスは呪術的なアイテムとして、破邪のお守りとして、そして時にはハイブランドのアクセサリとして広く世に出回っているので、お持ちの方も多いはずだし、聞いたことが無いという人はおそらく少数派であろう。

そして、この黒の宝玉はその高い波動や効果の割には値段もこなれているので、市場で見かけることも多く、我々にとっても非常に身近な石だと言える。

オニキスの漆黒の体は、車のスモークガラスのように何が入っているかを全く見せないけれど、それはオニキスが非常に優しく、そしてキレ者の石だからだ。相当に疲弊して、身中にとんでもなくダークなものを受けていても、邪気を代わりに受けていて割れそうになっていたりしても、そういった"ネガティブな状態"を持ち主に披露することはない。なんなら石自身が疲弊して曇っていることすらおくびにも出さない。**比類なき任務遂行能力と忍耐のかたまりのような戦士、**

戦国時代でいうところの忍びのような石だ。

中身を全く見せないというのはオニキスという石の矜持であり、プライドの表れのようなもの。"この淀み、見せてなるものか!"なんて言っているようにも見えてしまう。**ほほ笑みも慈しみも憎しみも優しさも、怒りも悲しみも妬みも人間界のありとあらゆる感情をその漆黒のボディの中に封印し、仕える主君をただひたすらに守る、本当の意味での"黒子"たる存在**、それが黒の宝玉、オニキス。

負をシャットアウトする色、ブラック。そして黒という色は物事を保守・安定させる力をもつとされる。

そのため、オニキスで作られたアクセサリを持つ者は、比類なき安定感と守られている感覚を得られるだろう。その力に支えられて、人は心身の安定を得、気持ちを落ち着け、明日に希望をつなぎ、明るい将来を夢見ることができるのかもしれない。

ただ、そんな彼はいつもポーカーフェイス。人々を成功に導いた後も漆黒の仮面の外側からは真の表情がわかることは無い。たとえその仮面の裏ではガッツポーズをとっていたとしても…。

COLUMN 06

守護の波動をもつオニキスで家（部屋）に結界を張る方法

守護の波動をとても強く帯びている石、オニキスは家とか空間の浄化にも最適です。私も以前は空間の浄化にいくつか石をお渡ししたり、新築のお家に結界を張るといったことをさせていただいたことがありますが、その際によく使っていたのがこのオニキスでした。大きめの円玉、もしくはポイントを家に置いたり、穢れがたまりがちな所にセットするだけで、あら不思議、なんだか空気が良くなったような、呼吸がしやすくなったような気持ちになるのです。

もう少し力を入れて、結界的なものを張りたいとするなら、例えばですが、小さめでもいいのでオニキスのポイントを4つ手に入れていただいて、その4つを部屋の四方に置きます。そうするとその空間はオニキスの結界に守られた空間となり、不浄なものははいってこられないような、みえないバリアができ上がります。よかったら試してみてください！

CHARONITE

● チャロアイト ●

不安やネガティブな思考に占領されそうな時の特効薬

Color	パープル系
Country of origin	ロシアetc.
Key word	不安バスター
Well together	8ハウス [♌]

人生を踏み外す。その瞬間を想像すると色々なシーンが想起される。－ついカッとなって暴力に訴えてしまう－ギャンブル等につぎこんでしまう－色恋で揉めて警察沙汰になる－魔がさしてお金を勝手に拝借してしまう等々、"踏み外した瞬間"を列記してみたけれど、おそらくそれら現象を引き起こした原因を突き詰めていくと最終的には、執着、強欲、不安といったものに行き着くのではないだろうか。逆説的に言えば、執着を手放し、欲求を適切にコントロールし、不安をうまく解消してさえいれば、人生において、足を踏み外すことはよほどの外圧がかからない限りはほとんどないのではないかと思うのだ。

そして3大"踏み外し要因"の一角である不安であるが、この世界の夜を照らす月が満ちたり欠けたりする移ろう存在であるように、おそらくだが、この世界には不安を感じない人等いない。**人の心は月のように満ちては欠けて揺らぐもの。**そのため、安心と不安の間をゆらゆらと揺れ動くのはきっと致し方のないことだろう。ただ、その不安な状態をどう処理するのか。どうやって対応するのかといったところには、実は個人差があるように思う。もともと不安に対する強度・耐性が高い方もいるだろうし、不安対策が得意な人、不安に襲われるばかりでポジティブに考えるのが苦手な人等もいるだろう。

また、"不安の感じ方"も状況によってまたそれぞれであるし、人生のある時に発生したライフイベントによって"どん底"に落ちることもあるだろうし、なんなら普段から思い悩むのが癖になっている人もいるはずだ。

不安を感じると人の気は萎縮する。それがどんどん増えてくると頭や心が"ネガ"や"ネガティブな妄想"で埋め尽くされて、最終的にはグレー・黒いオーラに切り替わっていく……。このように、不安は人の一生には常につきものの感情なのに、また、その集積がよくないことの温床になることも明白なのに、"それを抜いてくれる特効薬"のようなものは存在していない。

ゴミ・ホコリも掃除しないとどんどん溜まり、同じものを引き寄せてくる依代となるように、"不安"という悪しきものの依代には"早めに処理"をしてしまうのが良いはずなのに。

不安にのしかかられて一歩踏み出せない、日常生活もままならない、あーもうどうしよう!みたいな時。人は生きているとそんなふうに思い悩む時もあるかもしれないが、そういう**"ネガ溜まり"ができた時には、是非この不安バスターストーンである、チャロアイトを身につけてみてほしい。**

　この石は見事に不安を抜き去り、しっかり乾燥！あなたの心をホット&ドライ！にしてくれるはずだ。具体的に言うと、この石の波動は**あなたの体を蝕むもの、その根本にアプローチし、不安要素をゆるーくゆるーく解消、不安に思う気持ちのほうをほぐし、緊張状態から解放していく**……そんな作用をもっている。荒々しくもなく、それでいて"突然強い効果"を発揮するでもなく、持ち主に寄り添う。この石は**見た目のコワモテさとは裏腹に実はとても優しい石**なのだ。

　ちなみにこの石は世界3大ヒーリングストーンのうちの一つとされるが、スギライトみたいな破邪バリア担当でもなく、ラリマーみたいに縛りからの解放担当でもなく、ただ普通・中庸の状態に戻す波動をもつことから、3大ヒーリングストーンの中ではある意味、純粋なヒーリング力が一番高い石だと言えるかもしれない。不安とかネガなバイブスとか心に引っかかっているもの。それらをこそぎ落としてくれる、**"体の一斉清掃"の魔法をかけてくれる石。**それがこの紫の輝石、チャロアイトなのである。

MILKY QUARTZ

● ミルキークォーツ ●

常に傍で健気に支えてくれる、サポートストーン

Color	ホワイト系
Country of origin	ブラジル、マダガスカル、アメリカ etc.
Key word	なんでも対処、癒し
Well together	ALL

ウッスラと白みを帯びたその石は、水晶ほどキラキラせず、ローズクォーツほど何かのベクトルに特化した効能ももたず、いわばオールマイティなんだけど、ちょっとはにかみ屋で、目立つことが苦手そう。

クラスに一人はいる圧倒的委員長タイプで、運動もできて、目立ってヒーロー！というタイプではなくて、エース級のスペックをもちながら、学級委員長タイプが目立って活躍するその陰で、自身のハイスペックなところを一分もださず、いつも静かに微笑んでいるような…そんな子。

まず何が素晴らしいって、隣に誰が来ても何が来ても、絶対に動じない。**ぶれなく、軋轢を生まず、いつも穏やかなアルカイック・スマイルで笑っていて、誰とも仲良くできる広い心をもつ存在**。そんな聖人君子のようなアティテュードをもっている、癒し力の高い子がこの石・ミルキークォーツ。

それゆえ、とっても使い勝手がよくって、なんでも対応し、処理してくれる、頑張り屋さんな石。

とはいえ耐性はそんなに強くはないので、たまに欠けちゃったり、割れちゃったりはするけれど、それも頑張って頑張っ

て頑張って、自己犠牲を重ねてきた証拠。

多少の傷やクラックもきっと彼ら、地球の民を見守るガーディアンである乳白色のボディカラーをもつ水晶にとっては名誉の勲章で、多少の傷もなんのその。持ち主のためにずっと頑張ろうとする健気さがまた持ち主との一体感を高めていく要因となる。

自己犠牲的な働きをする乳白みを帯びた水晶は、ミルキークォーツという呼び名で昨日も今日も明日も、この動乱を極める世界のどこかで、多くの人の心体をそして魂をも癒し続けているのだろう。

COLUMN
07

ブレスレットで多石使いしても中庸の立場を遵守

天然石のブレスレットを組むにはいくつかやり方がありますが、私の場合はいくつかの石を組み合わせることがほとんどです。その際、3・4種の効能やパワーの異なる石を“主役”と“サブ”と“ベースストーン”という感じで組み込み、1つの輪の中でチームを組むように仕上げるのですが、ミルキークォーツはおそらく、“ベースストーン”としての使用頻度が最も高かった石だと思います。この石は水晶の一種ですから、水晶的な全体のパワーをあげたり淀みを浄化するパワーをもっています。それに加えて乳白の優しい感じが目にも心地よく、水晶よりもまろやかで誰にでも合わせることができ、また、他の石等との馴染みもいいというすぐれた万能選手。メインコア：水戸黄門様、サブコア：助さん格さん、ベース：その他のお供（笑）といった感じで、メインを食うことも無く、サブと役割がぶつかることも無く、全体をいい感じでなじませ、底上げしてくれる、縁の下の力持ちなのです。

MORION

● モリオン ●

不安や恐れを根こそぎ除去、更に深い癒しまでもたらす存在

Color	ブラック系
Country of origin	ブラジルetc.
Key word	根本治療的、不安除去、癒し
Well together	ALL

魔除とか破邪とかお守り的な作用をもつパワーストーンはいくつもあるけれど、よくよく観察してみると、そのほとんどは実は黒・グレーっぽい色味をもつ石たちである。黒とは現状維持とか守りとか保守の色であるので、黒ベースのものが"破邪の石とされることはさもありなん"という感じなのだが、そういった鉄壁のガーディアンの中でも最高レベルの力をもつのはおそらくこの石、黒水晶・モリオンではないかと思っている。

モリオンは黒水晶ともいわれるように、スモーキークォーツや水晶の仲間で、その中でも同じくグラウンディングを促すとかパワーを中和するスモーキークォーツとはだいぶ波長の近いものとなる。とはいえ、モリオンとスモーキーの異なる点は"恐れ"とか"不安"に対する姿勢にある。

例えば、破邪とか魔除等というと"言葉"としてはとても簡単だ。なんならお札みたいなものを貼れば負の波動や不浄がなくなるとか連想しがちだけれど、モリオンが行うのはそういった"簡易的な魔除"ではない。モリオンの浄化力というのは、**もっと心の奥とか波動にこびりついた恐れや不安にさせる要素、因子に着目している点にある。**「原因菌の根こそぎ除去！」というと洗剤か何かのキャッチコピーのようだが、これ以上にモリオンの真実を表現しているものはないだろう。

究極のところ、**魔や邪は"隙があるところ・恐れ不安があるところ"に付け入ってくる。**

となると、その隙間を作っている元凶を根本から叩かないと、結局はなんどもなんども魔憑きになるという無限ループに陥りかねない。別に簡易的な対処もいいが、**モリオンの根本治療的な波動オペレーションは不安を大元から断つ！**という極めて強力なものだ。

例えば、腹痛体質であったなら、その腹痛を一時的に止めるのではなくて、根本から治していくというような、そんな"気質の刷新"を促すパワーをこの黒い結晶からはとても強く感じるが、とはいえ、この石は"水晶"の一種なので、見た目的なインパクト、オペ的な効能とは裏腹に、実はほとんどの人に合う石でもある。

そして、形もピラミッド型・ポイント・クラスター・丸玉・ルースと様々なので、とりいれやすい形でこの石をお家に置いたり、アクセサリにしたりと日常生活に組み込んだりしてみてもいいかもしれない。また、今私たちがいる時代はネットワーク・ウェブ等の電波の世界の動きが激しくなる〝風の時代〟でもあるので、見えないものへのバリアは特に高めたい時でもある。**SNSでの〝波動の摂取対策〟として、モリオンで鉄壁ガードを敷く！**というのはどうだろうか。

繰り返しになるが、この石は**不安・恐れ・恐怖の根本に着目し、深いところでの癒しをもたらしてくれる存在**であるから、特にそういう負の感情に触れ合いがちな職業の人（ヒーラー、医師、カウンセラー、セラピスト、看護師、福祉系の職業全般等々）には特にお勧めの石だと言えそうである。そういった仕事の場合はオフィス・サロンの入り口とか、職場のデスクの横等に小さなポイントやルースを置いてみるのはいかがだろうか。また、給湯室とか会議室とかに小さなピラミッド等をおくのもいいかもしれない。そうすると、まるで見えない世界の空気清浄機がonになったかのように、淀んだパワーやストレスのふきだまりを365日24時間半永久的にクリアリングしてくれ、あなたの周りが常にクリアリング、そして鉄壁のバリアで守ってくれる〝波動のお城〟が構築されるはずだ。

LAVENDER AMETHYST

● ラベンダーアメジスト ●

持っているだけで優しい癒しに包まれる専属セラピスト

Color	パープル系
Country of origin	ブラジルetc.
Key word	本来の自分へ、癒し
Well together	4・12ハウス［☊］

パワーストーン四天王を決めろ！と言われたら、その一角にこの石“アメジスト”を入れる人は多いのでは？と思う。知名度、人気、効果の幅、それぞれが高得点で、総合的に見て“いい石”とされることが多いザ・パワーストーンと言える石である。

かくいう私もアメジストは好きだ。アメジスト、アメジストエレスチャル、アメトリン、アマゼツ、アンフィソライト・イン・アメジスト、ドッグティースアメジスト…色々な種類のアメジストや亜種・類似石があるが、その中でも**最も繊細な波長をもち、“癒し系としての要素が強い”**のが、この石、ラベンダーアメジストだろう。水彩絵具の紫をパレットに出して、水を足しつつ極限まで薄めていくとこんな色になるのだろうなという**優しい薄紫のボディをもち、ミストシャワーのように広がる超絶に繊細な波動・癒し力をその身に備える子。**

アメジストがどちらかというと頭、6、7チャクラ等に作用するのに対し、この石をずーっと持っていると、この石は**“神経とかリンパ”とか体の中に張り巡らされている浄化系のネットワークに静かに、それでいてパワフルに作用して、“フィルターを徹底的に掃除してくれる”ようなエネルギー**を感じる。体が自然とほぐれる、というか、自然体になっていく…。いや、本来の自分に戻っていくとでもいうべきか。

この石には優しくベールで包まれるような、なんとも不思議な"包容力"があり、それがなんとも気持ちよくて、この石をかたときも手放せなくなってしまいそうになる。ちなみに同じグループのアメジストは時に頭がグワングワンする等、非常に強い波動を感じる子もあるが、このラベンダーアメジストは基本的に柔らかい気質をもつことがほとんどで、荒んだ神経系統をまるっと癒す、基本的にはそんな波動をもつ石であると思う。

- 人に会って気疲れする
- 苦手なところに行かなくてはならない
- 雑踏がしんどい
- 電車や電気カーなど電磁波が強い乗り物に乗ることが多い
- 薬を服用、常飲している
- OA機器に囲まれて生活している
- 騒音や電子音が気になる

…等が当てはまる人はもれなくラベンダーアメジストのパワーが超絶にヒットする人たちだ。また、心がやさぐれそうであったり、**心を素に戻したいという人にも、この石の"包容力"が最高の癒しとなる**のではないかと思う。

傍に寄り添ってくれる波動の質は、まさに滅私奉公自己犠牲的で、なんとも健気な寄り添い方をするのがこの石の癒しメソッドなのだろう。そのため、**寂しい気持ちを常に抱えていたり、常に周囲や誰かに気を張って、"素に戻れない人"には、最高の理解者となってくれる**はずだ。あなたの傍で、"うんうん、わかるよ"とあなたを優しく、ミストのような波動でなでなでしつつ、あなたに同化した不浄を取り去ってくれたりもする。なんとも母のような、または専属のセラピストであるかのような存在感をもつ石、それがこのラベンダーアメジストである。

この紫の、癒しの小粒をカバンの中にそっと忍ばせてみる。そうするだけで、なんだか"今日も頑張れそうだな"と感じられるかもしれない。また、ブレスレットにして、腕につけてみる。すると、いつもより周りが気にならなくなったり、人に優しくなれたりするかもしれない。トップとして胸元に垂らしたなら、心のもやが晴れて、今よりもっと自分と相思相愛になれるかもしれない。

AMETRINE

● アメトリン ●

己の中で"陰陽和合"を促す石

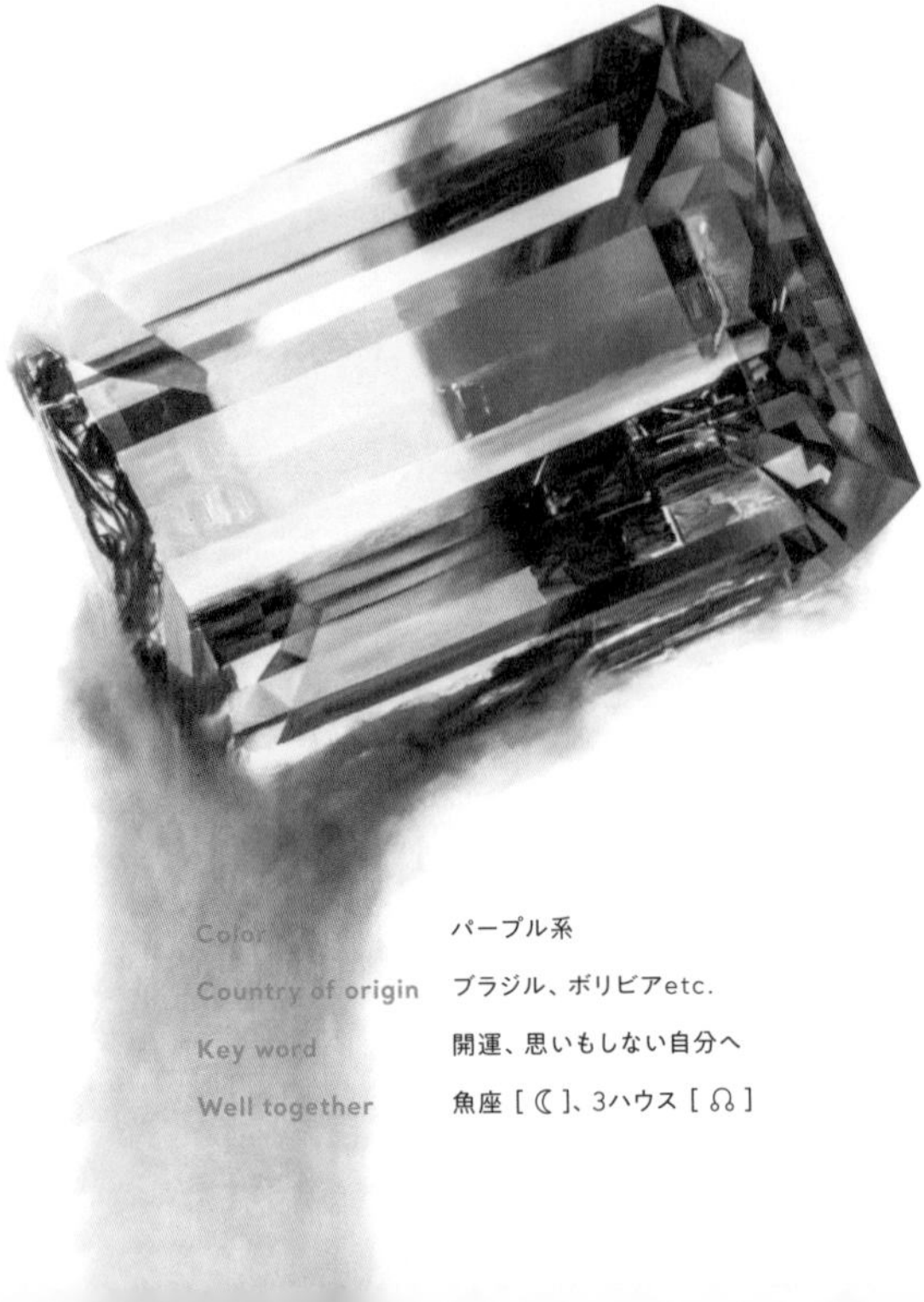

Color	パープル系
Country of origin	ブラジル、ボリビアetc.
Key word	開運、思いもしない自分へ
Well together	魚座［☾］、3ハウス［☊］

人間界を含む動植物の世界では、基本的には雌雄が存在している。こういった外見的・形質的な雌雄差はわかりやすいのだが、実は概念等の目に見えないものや場所等も雄と雌、つまり男性的・女性的と分けられたりもしているのがこの世界の面白いところだ。

例えば、イタリア語やフランス語(勿論それ以外の言語も!)は全ての名詞が男性名詞や女性名詞という風に分けられており、男性単語には男性名詞用の冠詞が、(イタリア語の場合:太陽:il sole〈男性名詞〉)、女性単語には女性名詞用の冠詞がついたりする(月:la luna〈女性名詞〉)。

また東洋哲学もこの世には陰陽の二極が存在していると説く。太陽が陽で月が陰。男が陽、女が陰。朝が陽、夜が陰であるといったふうに、全ての事象は陽性か陰性かのどちらかに割り振られる。

だとしたら、〝石たちも雌雄どちらか、陰陽のどちらかの極をもつ〟と考えられるので、この際、一度真剣に考察してみようと思う(これ以前のページでも多少は触れてきているが)。「石たちを雌雄、どちらかに分けてみた」、まるで学生の時分の自由研究テーマのようだが、石の世界における雌雄性について観察・熟考した結果、石の世界も基本的にはこの石は男性的、また、こちらの石は女性的等と比較的ジェンダーを感じさせるものが多いことがわかった（例：ルビーは女帝のような石でローズクォーツは女性性を高める等）。

ただ、1石だけ例外がある。「陰陽和合そのものを体現している」両極をもつため、雌雄のどちら、陰陽のどちらに属するのか決めようが無いものが存在したのだ。そのため、特殊例、リアルハイブリッドストーンとして、感じるままを記載することとした。陰陽和合を体現する、小宇宙的な石、両性を内包する特殊系ストーン。それがここで紹介する石、アメトリンである。

「女性性、癒しのアメジスト」と「男性性、活性化のシトリン」のハイブリッドストーンであることから、両方から数文字ずつもらってアメトリンという。アレキサンドライトのように昼間はAで夜はBというわけでもなく、紫から黄色へのグラデーションが美しい二つの顔をもつ〝デュアルフェイス〟ストーン、これはアメトリンだけの特徴であるから、一目見たらすぐにそれとわかる。

アメトリンをリーディングして、とても面白いなと感じたのは、**〝まさか?!〟的なことを起こしてくれるパワーをこの石はもっているる**ということ。**自分と真反対の要素、つまり陰陽の片方の極の部分。そういったものを引き寄せて、目の前に展開することにより〝まさか〟を起こし、結果、開運へと導く。**

まさかからの開運！等と言うと簡単に聞こえるかもしれないが、要するに、絶対に見たくないところや認めたくないところ、NGであったものたちと触れさせ、経験させられることで、陰と陽を統合。自分の中の小宇宙を完成させていくということなのだろう。

「自分が思っている自分」らしからぬことをすることで、〝怖いもの・苦手なもの・敬遠しているもの〟がなくなり、和合した自分＝悟りへと近づいていく。

そういえば、太陽神である天照大神も岩戸の中にお隠れになっていたが、神々のお祭りが気になって天岩戸から出てきたことによって、〝太陽神〟としてのお役目に戻られた。この石はそういった、陰から陽へ、また、陽から陰へと人々を誘う、〝天岩戸開き〟力をもつ石なのではないかとふと思った次第である。

OBSIDIAN

● オブシディアン ●

“自分が!”というエゴな部分を説き伏せ、心穏やかな毎日に

Color	ブラック系
Country of origin	アメリカetc.
Key word	ダークサイドへの入り口を封印
Well together	8ハウス [☊]

映画「スターウォーズ」に、「Fear is the path to the dark side. Fear leads to anger. Anger leads to hate.」―恐れはダークサイドに通じる。恐れは怒りに、怒りは憎しみに、憎しみは苦痛へ―というマスターヨーダの名言がある。

この言葉に準じ、Fear：恐れがダークサイドへの入り口だとして、恐れを放っておくと怒りになったり、その後、憎しみになるのであれば、初期段階である〝恐れ〟でその波動自体を解決・解消してしまえばよいのではと思う。そうすれば、あとにやってくるはずの怒りも憎しみも苦痛も、そのどれをも感じることすらもなくなるのではないだろうか。

そして、恐れを消すには、恐れを抱かせる原因、恐れを感じさせる原因は何か、それをはっきりと理解することが大切だ。〝怖いものをただ闇雲に恐れる〟のではなく、しっかりと原因、因子を見つめると、そこに解決・希望の光が生まれ、恐れは闇と共に霧散していくはずなのだ。

今回ご紹介する漆黒に輝く石、オブシディアンは和名を〝黒曜石〟という。古くから戦い(刃物等に使われていた)、呪術、占い等に使われていたので、民芸館や博物館、歴史の教科書等で黒曜石という名を見聞きしたことがある人も多いのではないだろうか。太古の時代からオブシディアンは人類と共にあった石ではあるが、この石の特性を見る限りはおそらくは〝武器〟ではなく、波動を調整する際に最も発揮されてきたのではと思っている。なぜなら、この石は、**人が生きているとどうしても生じがちな黒い部分《ダークサイド》をきれいに吸い取ってくれる石**であり、また**浮世・人の間にうごめく世俗の欲に負けず、なんならそれらを弾き返すバリアを張ってくれるガーディアンストーン**であるからだ。

人類の歴史は闘争の歴史である。これは否めない事実であろう。領土の奪い合いや宗教的な対立、それらをもう何百年も繰り返し、戦が無かったこと等ないのではというほどに、人の歴史には戦がつきものだ。そして、戦が人の道具の進化や進歩を早め、また、領土争いが起きたことで文化や人種が混ざり合ってきたこともまた真実なのだ。

とはいえ、人々が〝好き好んで戦争をした〟というのは歴史上、いったい何度あるのだろうか。過去には好戦的な民族もいたかもしれないが、戦乱のほとんどは民族同士の思想等の対立、政治のもつれ、また、飢饉や圧政に対しての反乱・革命といったところに端を発するのではないかと思う。

理想論であり、また、夢物語に過ぎないが、このダークなものを寄せ付けないお守り石・オブシディアンを世界のリーダーたちがもっていたならば、つまり、各地域の首脳・首長がアクセサリとしてでもいいから身につけていたならば、我欲や執着というのが軽減され、戦いの火種のいくつかは生まれることすら無かったのではないだろうか。

オブシディアンは不思議な石だ。薄らグレー味を帯びたそのボディはお守りとしての効果をもちながらも、深く持ち主の"恐れの源泉"とか"ダークサイドへの入り口"、つまりシャドウの部分に優しく働きかけて、気付けば心中で荒れるシャドウを手懐けてしまう。**"自分が〜！"という主張が強めのエゴの部分。それを手懐ける手腕において、この石の右に出るものはいない。この石はシャドウを完璧に説き伏せるパワーストーン。**

この石を持つと、気づけばエゴの暴走が人生から消えていく。魂のレールから外れるということからもきっと無縁となり、心が荒れることも、心がすり減ることも無く、高僧のような心境で日々を過ごしていけるのではないだろうか。

CHALCEDONY

● カルセドニー ●

持ち主に変わってお金や人との良縁を集めてくる陰の働き者

Color	ブルー系
Country of origin	ブラジル、インドetc.
Key word	集めてくる、緊張をゆるめる
Well together	3ハウス［♌］

カルセドニーは色のバリエーションが豊富な石であり、色によっては全く別の名前を付けられていたりもする。例えば、メジャーなものでいうと、オレンジのものはカーネリアン、グリーンのものはクリソプレーズとなる。また、ブルー、シーブルー、グレー、紫等、多種多様な色があるが、ここでは"何色の"と限定せずにカルセドニーグループという括りでこの石のもつバイブスをお伝えすることとする。

この石の特徴、効能はというと、一言で言うなら、**"集めてくる波動"をもつということ。**お金とか人とかご縁とか良い気?とか、そういうものを持ち主にもたらしてくれるような(鷹狩に犬を同伴して、山で犬を放したら、ちゃんと鷹を狩ってきてくれるご主人が撃たずとも)、陰働きの鬼のような石、それがこの石の素顔である。

また、色味も色々あるので"好きな色"を選べるし、波動にクセがないので誰にとってもつけやすく、それでいて"サポート"もぬかりなし。そんなカルセドニーは、**パワーストーン界の超黒子。絵に描いたような働きものの石**なのだ。

ちなみにこの石は**"ゆるめること"を得意とする石でもある**ので、緊張しやすい人、力が入りやすい人にもお勧めである。

食いしばりが起きがちとか、交感神経優位になりがち！とか、そういう方々には是非一度手に取ってみてほしい。

また、カルセドニーは相場的にもダイヤやルビー等に比べるとお求めやすいプライスレンジをもつ石なので初めてのパワーストーンとして、また、ちょっとしたプレゼントにも最適な石だといえる。更に「ギラギラした石は苦手だけど…」といった、石の柄や色味に敏感な人にもぴったりの石だったりするところも、この石の守備範囲の広さを示している。

「それなりのお金はフランスのグランサンクとかアメリカやイタリアのジュエラーに使いたい！…でもそこまで〝パワーストーンとか鉱物が面白い〟って言うならパワーストーンもちょっと持ってみたいかも！」みたいなパワーストーンビギナーには「まず隗より始めよ」ではないが、「まずはカルセドニーから始めよ！」と進言するのもありかもしれない。

COLUMN 08

カルセドニーの色別キーワード＆特徴

カルセドニーはとてもたくさんのバリエーションを持つ石。ここでは本文ではご紹介できなかった主要なカルセドニーについて、種類ごとにキーワードや特徴を挙げていきます。

ブルーカルセドニー：コミュニケーションを円滑にする、気持ちを穏やかに

シーブルーカルセドニー：前向きになる、言語能力、思いやり

ホワイトカルセドニー：平常心、余白をもたらす

ピンクカルセドニー：恋愛的なご縁をもたらす、喜び・楽しむ感性を高める

グレーカルセドニー：味方・スポンサー等を引き寄せる力、基盤整備、整え力アップ

このようにカルセドニーは色ごとに波動が若干異なりますから、色ごとの石を試し、波動チェックしてみるのも面白いかもしれません。

SUGILITE

● スギライト ●

“なぜか疲れが取れない、だるい”そんな人に邪気払いの効果を

Color	パープル系
Country of origin	南アフリカetc.
Key word	鉄壁力、魔の侵入阻止!
Well together	8ハウス [♌]

スギライトは紫ベースの石で、チャロアイト、ラリマーを足して、三大ヒーリングストーンの一角。その重厚な雰囲気から**ヒーリングストーン協会の重鎮みたいな石**だと思う。

さてそんなヒーリング界の重鎮ストーンの力だが、それは**強力な霊的破邪バリアを展開する〝鉄壁力〟**にある。

アニメ・映画・漫画等の世界、特にSF作品にも〝守りならまかせろ！〟みたいな防御専門キャラクターが出てくることがあるが、ああいう役割やパーソナリティを想像してもらうとよいだろうか。

この石は**外敵をガシガシ弾く、巨大な盾のような存在感と波動をもつ石であり、魔の侵入を絶対に許さない、鉄壁のガーディアンであるが、迷いを断ち切り、その迷いの源泉ともなる煩悩、それらを焼き切る**とも言われていることから、キャラとしてはお寺でよく見かける〝お不動様〟みたいな石なのかなとも思うが、どうだろうか（こんなこと言ったらお不動様に怒られるかしら）。

また、この世界は不思議なもので、健康診断を受けても数字も大丈夫、栄養もしっかり摂っているし、睡眠も取れていて、なんなら人間関係も良好。でも、なぜだか疲れが取れない。だるい。すぐにふらふらする等、原因がわからない慢性疾患や原因不明の不思議な症状が出ることがある。そういう時はもしかすると（ちょっと怖い表現だが）疲れているのではなくて、憑かれているのかもしれない。

科学全盛の現代社会において、いやいやなにをそんな…と思うかもしれないが、いやいや、実はそういう〝見えない世界〟の影響とは実はあなどれないものだ。実際、ゲンかつぎに寺社を参拝する芸能関係者、経営者は多くいらっしゃるし、スポーツ選手も必勝祈願をすることもあれば、試合前・本番前には特定の必勝のジンクス・MY儀式を行う人もいるように、なんらかの〝目に見えない、気のようなもの〟のパワーを多くの人たちがそれとなしに気にしているし、なんなら人それぞれのやりかたで人生に取り入れたりしている。

そして、この石はそういう意味では**邪気対策班の筆頭幹部であり、邪気払いスペシャリスト**であるため、そういった〝原因不明の場合〟に是非試していただきたいストーンではないかと思う。

〝病は気から〟ともいうが、病になる前の〝気の段階〟で叩いておければそれに越したことはないのだから。

とはいえ、"何かが起きてから使う"よりも、実はこの石は**予防の方が専門**であるから、例えば、人気商売、人と触れ合う仕事（人と会う頻度高め・直接的な接触度高めとか）や、ダウナーな人たちに会うお仕事、そういう環境に身を置く人たちに対し、俄然お勧めの石となる。

また、職種関係なく、感性・霊感が強い人に相性が良く、鉄壁のバリアで来るものを弾き返してくれるし、また、必要があれば、その場で浄化もしてくれるはずである。

ちなみにこれは私見だが、より黒に色が近いもの、深い色をもつもののほうがバリア力が強いように感じる。とはいえ、この石よりもチャロアイトやラリマー、もしくはオニキスやモリオンのほうが相性が良い人もいるので、できれば店頭で触れてみるなり、味見をするなりしてから購入するなり、身につけることをお勧めしたい。

なんといってもこのお方は石界のお不動様であるから、気位もそれなりにお高いので、相性が合わないとなると連れて歩くのはそれはそれで"修行"になるかも、なので（苦笑）。

SMOKY QUARTZ

● スモーキークォーツ ●

いかなるマイナスの波長からも持ち主を守り抜く鉄壁のSP

Color	ブラウン系
Country of origin	ブラジルetc.
Key word	いぶし銀な騎士、精神の浄化
Well together	乙女座［☾］

この石は決してエリートではない。纏っている雰囲気や見た目から判断するとなんとも地味である。

そしてあまり多くを語らない。でも、実は**根は優しく、そして力持ちな石**だ。

〝ねぇねぇ〟ってしゃべりかけて初めてその声を聞かせてくれる。そんなシャイで実直な石、それがスモーキークォーツ。

彼らは基本的には寡黙。あまり多くを語らないけれど、その姿勢を貫くには訳がある。それは**自らが仕えるものを〝よそ見をせずに〟守りきること。**

また、警護対象を絶対的なファイヤーウォールで守ることが彼らの責務だからだ。**危険を察知し、それを伝える。飛んでくるマイナスの波長を中和する。ネガティブなものや危険な波動から主人を守る盾になり、カウンターアタックで邪気を払う。**

いぶし銀な騎士《ナイト》職。いや、ビシッとスーツで身を固めたVIP付きのSPと言ったほうがわかりやすいだろうか。そしてSPも警護対象とあまり話さずに常に要警戒でいたりすることから、スモーキークォーツはストーン界のSPであると理解してもいいかもしれない。

そのため、じゃじゃ馬な姫が暴走し始めた時、”それはいけません“と止めてくれるだろうし、よこしまなほうに行きかけた時は”待て待て、そちらはダークサイドですよ“と制止してくれるだろう。

そして何か強烈なことが起きる時にはその身を挺して、パリンと割れたり、欠けたりして持ち主を守ってくれるだろう。

意識が上に行きやすくぼーっとしやすい人、ストーカーとか追っかけとかに対し、周囲に常に気を付けなければいけない人、忘れものが多いとか時間管理が苦手な人、常に心配事があったり不安症になりがちな人、そういう人にはSP先生であるスモーキークォーツは適任だ。あなたをしっかりと守り抜き、変なものをよせつけない体にチューニングを施してもくれるだろう。

また、この石は**”大地との深いつながり“がある石**でもある。そのため、この石を持つと大地との太いパイプを再構築し、タンクローリーのようにあなたに大地のエナジーをダイレクトチャージしてくれるはず。大地とつながり大きく成長したい人との出会いを、今日もスモーキー先生は待っている。

COLUMN 09

“個性の時代”といわれる今、自分軸を強化する石

スモーキークォーツは魔除の石の一種ではあるけれど、この石に本来最もフィットする人は精神が不安定だったり、自尊心が低め安定していたり、自分軸がぐらぐらしそうな人たちではないかと思っています。

またこれからは個性の時代と言われて久しいですが、こういった時代の間で新しい時代仕様のOSが自分にインストールされる今だからこそ、自分軸でいることを強化してくれるこういうタイプの石の出番が増えていくように感じています。

そのため、精神的に不安定なところがある人も無い人も、今は（おそらく2025年ぐらいまでは特に）この石をもつことによって“余計な情報や時代の荒波”に飲み込まれにくくなり、今がたとえ過去に類を見ないほどの激動の時代だとしても、もう少し生きやすくなるのではと思っています。

LIBYAN DESERT GLASS

● リビアングラス ●

あなたの中の小さな闇や傷を照らし、出口を見出してくれる

Color	イエロー系
Country of origin	エジプトetc.
Key word	闇を照らす光、陰を陽へ
Well together	12ハウス [☊]

レモンイエローが美しい輝石、リビアングラスは〝リビア砂漠〟で発見されたテクタイトといわれるインパクトガラスの一種である。名前はその発見場所（リビア）に由来するが、生成プロセスはチェコで発見された緑の輝石・モルダバイトと同様で、はるか昔、地球に落ちた隕石と地表の物質が化学反応を起こしてできたと言われている（ただ、詳細はいまだに不明。ここで紹介しているものも「一説によると…」の域を出ないものである）。

モルダバイトもそうだが、隕石系のものに共通している要素に〝宇宙や魂との密接な関わり〟というものがある。「宇宙意識の覚醒」とか「カルマの解消」…というと、なにかわかったようなわからないような、少しわかりづらい感じもするので、ここでは私がわかる限りでの方向づけを試みたいと思う。リビアングラスをもった時に感じる波動、それは同じテクタイト族のモルダバイトのそれとは少々異なり**「未消化のものをしっかりと消化・昇天させてくれるようなパワー」がある**なということ。

人生を生きていると、未消化の気持ち・トラウマや深いコンプレックス、そして、執着や過ぎたこだわり等もマインドに付着しがちである。それは浮世であるこの世界ではある意味当たり前のことかもしれないが、人が"宇宙に出ていく時代"である現在、また、重いエネルギーを手放していくことが推奨されている新時代・風の時代においては、こういった"未消化のものをもっている"と時代に取り残されるだけでなく、心身から重みがとれず、慢性的な疲れがとれないとか、同じ失敗のパターンばかりを繰り返すといった無限ループに陥りかねない。

これ以外にも、人によっては場の集合意識に自己意識が侵食されていたり、過去生含む、過去からの縛りでガチガチになっていることもあるので、そういった自分の中にある自分のものではない意識も早晩"解放・解消"していく必要があると思われる。加えて、今を生きる人類は土の時代的な社会意識・保守性の高いマインドセット・家庭の掟等で気持ちがガチガチになりがちである。そんなマインドにこびりついた垢・澱のようなもの、はたまた過去の時代のプログラムを宇宙空間に昇天させてくれるパワーをこの石はもっているように思う。そして、こういった**昇天力こそがこの石のもつ魂との関わり方であり、この石の心のパワー**であろう。

たとえるなら、**この石の基本モードは"光"。人の心の闇を照らす光であり、トンネルの先に見える出口の光であり、また、人生を導く光だとも言える。**

この石の処方は闇に沈んでしまいそうなピンチの時に、トラウマをどうしても手放したい方に…は勿論だが、微細で未消化な感情や傷はどんなに明るく元気な人でも必ずどこかに持っているものだと思うから、今を生きる多くの人にこの石のバイブスは必要なのではないかと感じている。

占星術のみならず、他の占断・占術でみても、今、時代は"転換"していると言われている。"陰極まれば陽に転ず"とも言われるように、価値観が大きく変わるとされている時代だからこそ、この世界には今、"光"が必要だと思う。リビアングラス——「この石は世界を照らす」等とはさすがに言えないかもしれない。ただし、あなたの中にある闇を解消し、あなた自身を人の世を照らしていく光とすることは可能だ。

光とは、実はあなた自身のこと。リビアングラスとのご縁ができた時から、その"光となる宿命"はきっと決まっていたのかもしれない。

SERAPHINITE

● セラフィナイト ●

まるで“ノイズキャンセル”するように雑音をシャットアウト

Color	グリーン系
Country of origin	ロシアetc.
Key word	深い安らぎ
Well together	水瓶座［☾］

この石は深い緑に白いマーブル模様が入った美しい石で、見た目が天使の羽に似ているからなのか、それとも石の波動に天使っぽさを感じるからか、”セラフィナイト“と言われている。セラフィナイトの名前の由来にもなっている「セラフィム」は天使の最高位に座する熾天使《してんし》のこと。ちなみに天使界のヒエラルキーでは日本でも有名な大天使ミカエルよりも上のクラスということになる。そんな最高クラスに坐する熾天使のパワーをもつと言われているのがこのセラフィナイトなのだが、実際にその天使的な波動が転写されているかどうかは別として、この石は持ち主に深い安らぎを与える石であると思う。加えて、この石の素晴らしいところ・特筆すべきところは**”ノイズキャンセル“というか、神経を鎮静化させるような波動にある。**周りの音や声や人の動きがいちいち気になるとか、感覚がざわつくとか、隣のテーブルの会話や所作がどうしても気になる等、人間界に生きていると起こりがちな周囲からのノイズとそれらが心の水面に立ててしまう不要な波紋。**そういうものを見事にシャットアウトし、あまり気にならなくなるように抑えてくれる効果がある**のがこの石の真の力である。**心を明鏡止水の境地に保つ石。風の全くない、**

凪の状態の湖畔に佇むような状態に心をキープしてくれるのがこの石のもつパワーであり、他に類を見ない特徴であると言えよう。その特性は、最近巷でよく耳にするようになった感受性が高すぎて日常生活に支障をきたしがちな人たちにはぴったりと思うのだが、どうだろうか。

- 細かい生活音が気になる　- 人からのリアクションが気になる　- 周りの雑音や人の動きが気になる　- 人の目線やしゃべり声が気になって集中できない　- 感情移入が激しくSNSやblogや映画やドラマで泣いたりする

感受性が豊かだからこそ外部要因から受ける外圧や刺激は強くなる。結果、心や精神への負担も増す。情報化社会と言われる現代社会において、"外からの流入物"が多くなればなるほど、その敏感すぎる回路はショートをきたす。外部環境には凄まじい進化を遂げるが人間はデバイスを変えていくようには"進化"はしないので、人によってはその圧倒的な情報量によって回路が焼け付く、神経が侵されていく、なんていうこともあるかもしれない。そういった誰もが情報によるメリットを享受もするが、圧倒的な情報量によってダメージをくらうかもしれない"高度情報化社会"において、こういった「世俗に流れるあれこれをノイキャンしてくれる装置」というのはとても重宝されるアイテムのはずだ。とはいえ、現代社会を生きるために必携の〝波動ノイズキャンセラー〟等というと、石の解説としてはあまりに現代的で、天使の名前を冠した存在に対して不適な表現かもしれないが、ただ、現実に、こういった諸症状で悩んでいる人たちも多く存在することから、なんらかの解決策、ベストソリューションはないものかとずっと思っていたところ、ある日、この石を眺めていたら「この子、過敏な方の専用機としていいかも！石の特性・波長が見事に過剰反応しがちなところにぴったりだ」等と閃いてしまったのだからこれはもう致し方ない。石からのメッセージ、それこそ天啓だと思うことにした次第である。

とはいえ、世の中には色々な石があるから、外部ノイズを防ぐ、またはノイズによって傷んだ状態を癒す石も多々あるから他の石をトライしてみるのもありだろう。ただ、もし、ご興味があれば、一度この石・セラフィナイトを手に取ってみてはどうだろうか。過敏な方たちの波動も実はだいぶエンジェリックなので、つけてみるとチューニングが合って、現実社会が一気に生きやすいものになるかもしれない。

MOONSTONE

● ムーンストーン ●

ゆらぐ心に寄り添い、落ち着けてくれる“最高のお守り”

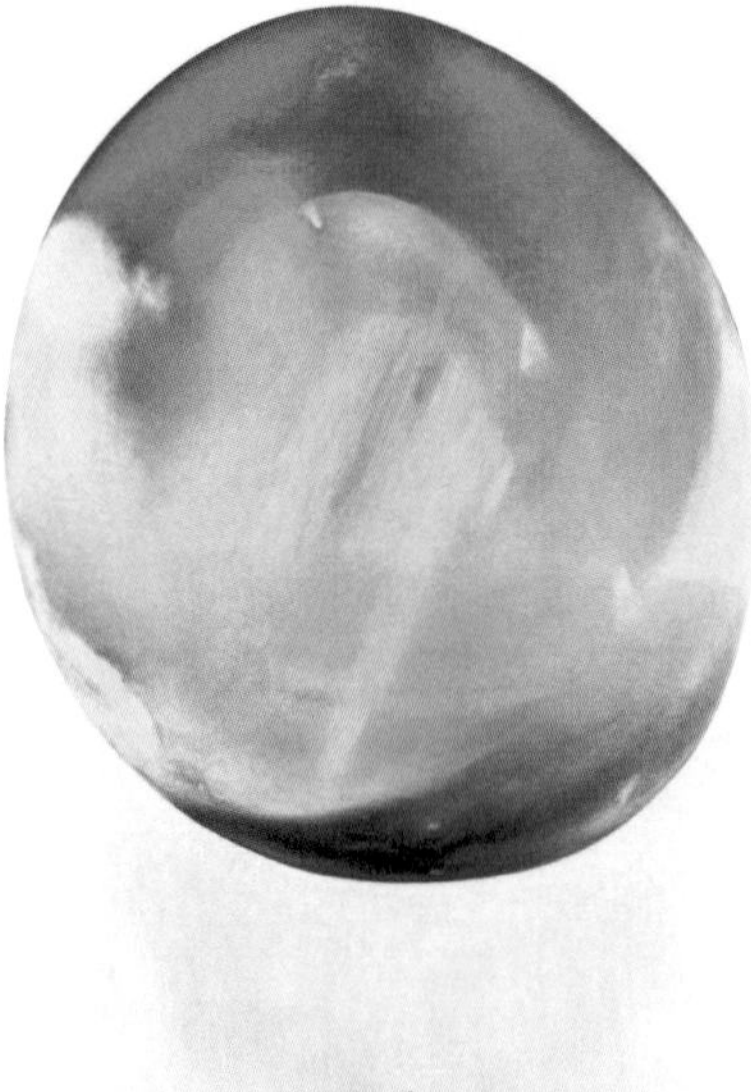

Color	ホワイト系
Country of origin	スリランカ、インド、マダガスカルetc.
Key word	心の伴奏者、お守り
Well together	4ハウス［♋］

心とは人生を大きく左右するものだ。心が暴走すると人生は時に一瞬で台無しになったりもする。また、心がやさぐれると素直ではなくなり、本来の方向とは違う方向へと人生は進んでいく。

心の調律の如何により人生は如何様にでも変わっていくものだ。そんな**ゆらぐ心を落ちつける、心の伴奏者。心のお目付役であり、心の添い寝役。**それがムーンストーンなのだと思う。

また、心がざらついたり、心がゆらゆらする時、人はお守りを欲したり、安心材料を欲する生き物だ。神社のお守り、お寺のお札、パートナーからのプレゼント。心を寄せるもの、また、心に寄り添ってくれるものはその実なんでもよかったりもするが、**"形としてのお守り"が必要なのであれば、ムーンストーンは最高・最良のお供になってくれるに違いない。**

とはいえ、人の心は色々だ。心が強い人、繊細な人、心が歪みやすい人、心がトゲトゲしている人。心が折れそうな時、心が旺盛に活動している時、状況も状態も、その実態はあるようでないようで、霞のようにつかみづらいものだったりもする。

その心にしっかりと並走して癒し、時に包み込み、またある時には叱責したりもする。心をうまくハンドリングし、心を安定させて、私たちに〝安心〟をくれるのがムーンストーンであり、**特にブルームーンストーンはその力が強いように思う。**

また、ムーンストーンはセッションとか鑑定とかカウンセリングの場で対象者を見ていく際に良き閃きをくれる友である。対象者の心や気持ち、想いを透過させるようなスクリーンを鑑定者にセット！鑑定者とクライアントの間にある見えないパイプを拡張し、セッションの〝導入〟を容易にさせてくれるのだ。

勿論、人を見続けると疲れたりもするが、この〝導入剤〟があるおかげで〝見るための領域〟まで降りたり上ったりが楽になり、長時間のセッション等でも集中が切れない・疲れにくくなる等、この石をサポートにもつ意味は非常に大きいものがあると言える。

そして、今さら言うまでもないことだが、現代社会は超絶多忙社会である。朝から晩まで食事ができる場所、いつでもインターネットにつながれる環境等、働くためのインフラが整っていることから、気づけば私たちは〝人のキャパシティ〟

を超えて、過剰労働になりがちだ。

　そして中毒性・依存性の高い各種コンテンツが至るところに存在していることも相まって、だれしも昼夜逆転したり、人ならざるリズムで生活することが簡単にできてしまう。

　ただ、幸いながらそのリズムをおかしいと感じる感性を私たちはまだ喪失していない。近年、今までの異常なワークオリエンテッドな生き方に違和感を感じる等して、人本来の生き方を取り戻したいと感じる人も巷には増えてきているようだ。そして、そういった“人としての、生き物としてのリズム”を取り戻したいと願う人には、是非、この“月のリズム”が転写された石、ムーンストーンを身につけてみること、触れてみることをお勧めしたい。

　ムーンストーン自体は月のかけらでもなんでもないが、その石がもつ波動は月そのもの。太陽が陰り月が出てくると癒しの時、夜となるように、この石は**人が本来もっている“地球という星を生きる動物たちの時間感覚”を再インストールし、人が人様ではなくて、地球と共生している存在であることを再び思い出させてくれる**に違いない。

HIMALAYAN CRYSTAL

● ヒマラヤ水晶 ●

圧倒的な浄化力で俗世の穢れを禊いでくれる神級の石

Color	クリア系
Country of origin	ヒマラヤetc.
Key word	成長、神様グレード
Well together	乙女座［☾］

もう10年近くも前だろうか、私が石の世界に没頭していた時、専門店に行ってみると、水晶グループの中でヒマラヤ水晶だけが抜きん出て高価だったのをよく覚えている。一般的な水晶の5倍から10倍ぐらいの価格をつけられていたと思うが、見た目もそんなに変わらないのになんでかなと思ったりもしていたし、当時はまだ、ルチルクォーツとかスーパーセブンのように"わかりやすい石"の方が好みだったこともあって、専門店の店頭で常に眺めていたのは、そういった"エース級"の石たちばかりだった。

水晶の味見にはまったのはそれから数年後の話だ。水晶はどこの産地であろうが、特にパワーストーンブレスレット用に丸く加工された玉だと、見た目の違いはあまりない。ただ、その波動は産地によってだいぶ違う。産地によっては、ビリビリ系、また違う産地だとボワッと温かくなる系、はたまた、ジーーーンと優しい波動が伝わってくるもの等、まるで別物の如く変わるので、水晶の味見は他のストーングループよりもだいぶ奥深いものとなる。この項もタイトルは"ヒマラヤ水晶"としているが、同じヒマラヤ産でも、実際の産地によってかなりの違いがあるので水晶好きな人、また、"石の味見"が好きな人は是非色々なものを試してみてほしい。

　話は少し変わるが、古くから山、特に高山や高地は仙人とか人外のものたちが住む土地とされてきた。漫画・映画・ドラマ等を観てもシャーマンや仙人は、山の奥の奥のそのまた奥に住んでいたりするので、その認識は万国共通なのかと思う。実際に色々な聖地、霊場等に行ってみたが、高度が650mを超えたあたりから人里とそうじゃない〝里〟に分かれるような気がしている。ただ、これにはその土地の特性もあるので一概には言えないのかもしれない。けれど、低地よりは高地に〝そういう波動は宿りやすい〟というのは間違いないように思う。とすると、ヒマラヤはどうだ。エベレストは8000m級だし、実際の採掘地は2000mから上の高地となる。地球の心臓部とも言えるような〝ヒマラヤ山脈〟。神の頂き〝エベレスト〟や連なる山々は当然〝人が住める地〟ではない。その**人里から最も遠いところで採れる石は特有の荒々しい大地の波動を宿しており、その圧倒的な浄化力で人里の垢・穢れを禊ぎ、浄化を促していく。**

　極度に左に寄ったものを真ん中に戻すには、極度に右に寄せたエネルギーをぶつけるしかない。それがこの世の理なら、

〝都会特有〟の偏りを中和していくとするなら、それに最も適した石はヒマラヤ産の水晶ではないかと思う。

神様はドSだとも言う。よく聞く話だが、神様は実際に〝厳しい〟ものだ。試練や課題を与え、私たちに成長を促そうとしてくる。もし石の中にも〝神様〟みたいなグレード・カテゴリがあったとするなら、ヒマラヤ水晶ほど〝神様〟みたいな波動の石は無いような気がする。その波動は、痛いほどにビリビリする・荒々しいものなので、あら不思議、上述の神様ドS説にぴったりではないか！

余談だが、ヒマラヤに登れる人はきっと少数であろう。写真以外で〝ヒマラヤ山脈〟をその目で拝める人もそれほど多くはないはずだ。だからこそ〝リアルなヒマラヤ〟のバイブレーションを感じたいなら、そして、神様の結晶ともいえる石を身につける覚悟ができたなら、ヒマラヤ水晶を手に取ってみることを勧めたい。ヒマラヤ水晶が普通の水晶の5倍ぐらいの金額であったとしても、ポイントやクラスターが数千、数万円だったとしても、それが神様の結晶（神様の分け御霊のようなもの）であると思えば、「圧倒的にリーズナブル」であることがわかるはずだ。

AMETHYST ELESTIAL

● アメジストエレスチャル ●

心に嘘偽りをつけなくなり、本来のあなたらしい姿が現れる

Color	パープル系
Country of origin	ブラジル、インドetc.
Key word	軌道修正、パワフル
Well together	射手座［☾］

石の世界は多様性に満ちた万華鏡のような世界。厳しいトレーナー、優しい子、下からサポートしてくれる石、上から引っ張り上げてくれる先生、想像力を高める石、邪気払いを得意とする守護神、悪癖を修正させる禊王、気持ちの安定を図るトランキライザー石等、石たちはそれぞれに強烈な個性をもっていて、その様はさながらドラマや映画のキャスティングのようである。

波動やキャラクターが違うのは勿論、それに加えて、外見的な、つまり、色も模様もカット／加工も本当に色々な種類があることから、鉱物の世界も私たちの社会に酷似していると感じられるし、また宇宙の如くミステリアスな世界線がそこにはある。

そんな石界の中でもレアな波動をもつといえるグループが「精神性・スピリットレベルを引き上げる」波長をもつ石たちだろう。まるで高次の精霊やガイドスピリット自体が石化して、三次元社会に現れたような波長を纏っているのがこの石たちの特徴で、往々にしてその見た目も〝他とは違い〟、目に付きやすいことから、専門店の店頭でもすぐに見つけられるはずだ。

そんなレアなカテゴリに属する石の一つ、薄紫の輝石・アメジストエレスチャル。

このカテゴリの石は見た目が特殊なものが多いと触れたが、その中でもこの石は群を抜いている。たとえるなら、石の世界の"ヴィジュアル系"、薄紫またはクリアな玉の中に繊維のようなものが入ってたり、紫の濃淡があったりして、どの角度から見てもとにかく"がっこいい"のだ。

また、この石のすごいところは"ヴィジュアル系"であり、ヴィジュアル担当ではないところにある。つまり、この格好よいルックスは決して"釣り目的"の見掛け倒しではなく、見た目も美しいが効果も素晴らしいという、"美と実"を高いレベルで備えていることが、この石が不動の人気をもつ理由であろう。

この石は6、7、8チャクラに作用し、**自分本来の魂の魂のレールに戻れるように軌道修正をかけてくれる。**また、**魂の宿命を果たすためのサインをビシバシ下ろしてくれる等、エネルギー的にもとてもエネルギッシュでパワフル**なのだ。実際にこちらを持ってすぐは"発熱"する等、なんらかの好転反応が強く出る人もいて、相性の良し悪しもあるかとは思うけれど、その強さゆえに処方には注意が必要な石である。とはいえ誰しも人生で一度はこの石をもつタイミングが必ず訪れるような気がする石でもあり、それこそが"人生の天岩戸開き"の時なのかもとも言えそうだ。

ちなみに、**これを身につけると自然体でいることが促されてしまうので、心や魂に一切の嘘偽りをつけなくなるが、そもそもこの石は"不思議な強制力"をもった石なのだから、それも仕方ない！**……というふうに捉えてしまうといいだろう。

同じく超強力な石、ラピスラズリ（P.96）が禊だとするとこちらは**浄化を司るので、余計な埃、垢、澱を全て取り去り、浄化しきった先にある、あなた本来のあり方を見せてくれる。**

こうして語っていると、決して見た目ほど優しい石ではないことがわかっていただけると思うが、この石をもつ覚悟がある方であれば、必ず良き方向へと導いてくれるので、魂のレールにちゃんと戻りたい方でその勇気がある方は、是非この石の力を借りてみてはいかがだろうか。

DIAMOND

● ダイヤモンド ●

“引き寄せ”“パワーの増幅”“魔除”、効果のオールスター！

Color	クリア系
Country of origin	南アフリカ、オーストラリアetc.
Key word	鉄壁のガーディアン、生まれ変わる！
Well together	牡羊座［☾］

世界で最も固い石、ダイヤモンド。ある意味、宝石・天然石のなかでは最も有名かつ、最も高価な石の部類にカテゴライズされる石だが、この石のパワーはそれなりに特殊なものである。

この石からは力強い光の柱が立っている。その**光の柱が強力なバリアとなり持ち主を邪から守り、持ち主の波動を高める効果も併せ持つ。**また、その**高き波動が良い出会いやご縁を呼びこむ呼水となり、この石をもつと、自動的に引き寄せ力が上がるという、だれもが欲するであろう効果をもっている石、**それが、この世界最高の宝石・ダイヤモンドである。

更に、この石は〝増幅器〟でもある。**持ち主のパワー、環境によって底上げされた波動、人気運、その他諸々、色々なものを増幅するプリズム。それがこのダイヤモンドの波動の真骨頂**であり、そういった波動があるため、世界中の貴族・王族・首長等から愛用され、ティアラや儀礼用の装身具等、〝権威の象徴〟そのものに組み込まれてきたのではないだろうか。

そして、知っている人もいることかと思うが、この石は和名を金剛石という。金剛という音の響きから〝華麗さ・綺麗さ〟というよりはどちらかというと仁王・羅漢的な非常に男性的なパワーを感じるのだが、実は昔の日本人はこの石のもつ圧倒的な魔除の力がわかっていたのかもしれない。

だから、このような力強い"ネーミング"となったのだろうか。名前の謎は深まるばかりだが、ダイヤからは光のキラキラしたどちらかというと女性的な要素だけではなく、そういった**"霊的なブロック・魔除の力"を実に強く感じる**こともできるので、特に女性にとっては最も身につけやすく、最も心理的ハードルの低い"魔除のアクセサリ"がこのダイアモンドではないだろうか。

また、ダイヤモンドという名前はギリシャ語の「征服されないもの」というアダマスという単語に由来すると言われているが、個人的には、ダイヤモンドはイタリア語やスペイン語のディアマンテ（diamante）という表記のほうがしっくりとくるように思う。

恋人同士や夫婦間で贈られることの多い鉱石の筆頭格、ダイヤモンド。そこにはダイヤモンドなんていうちょっと堅そうな名前じゃなくて（ただでさえ石自体が硬いのに!!）ディアマンテ《愛のための》という名前のほうがその石が使われるシーンに相応しい気もするがどうだろうか。

名前のことはさておき、**自らの分身として愛する人の指や首もとで、愛する人を守り続ける鉄壁のガーディアン**、ダイヤモンド。

この石は硬度の高さから〝割れること〟はないが、できれば頻繁にクリーニングをしてキラキラと光る状態をキープさせてあげてほしい。また、この石の特性上、形見や先代から譲り受ける等、〝相続・継承〟されることもあると思うが、その場合もすぐに使い始めるのではなく、専門の業者等にだしてクリーニングをすることをお勧めしたい。可能であればリメイクをするというのもいいかもしれない。

最後に、〝どうしても自信がもてない〟、〝ヘタレな自分が嫌い！〟という人にほど、この石を持つことをお勧めしたい！この石は最も硬い石、そして最も光の強い石である。そんな石の波動を自分に転写したら〝屈する〟とか〝挫ける〟とか〝負ける〟とか、そういう概念自体、自分の辞書から消えていくのは間違いないと、思わない？

おわりに

この本を最後までお読みくださりありがとうございます。

本編では触れなかったのですが最後に少しだけ私と石の出合いについてお話をしたいと思います。

私は香川県高松市生まれ。

生家は〝石の町〟として有名な町にあり、近くには世界的な彫刻家・アーティスト、イサムノグチのアトリエがあります。また、町の至る所に石材屋さんがあり、石置き場等も大小、数え切れないほどあり、小さい頃から石置き場や巨石郡が遊び場でした。

18歳で高校を出るとすぐにイタリアに飛び、今度は街中が大理石やそれに準ずる石でできた町フィレンツェで暮らしました。そこからミラノ、パリ、ロンドン等にも移りましたが、いずれも石畳や石でできた教会がすぐそばにある環境で、常に欧州の〝石〟に魅せられた数年間でした。

また、イタリアではプロダクトデザインを専攻し、現地でも仕事をしていましたが、当然ながら石はイタリアのお家芸のようなもの。インテリア、プロダクトの仕事に関わっていたので毎日のように大理石、トラヴァーチン等の石に触れたり、デザインに組み込んだりしていました。

イタリアから帰国後、あれは今から10年以上前のことですが今度は友人の勧めであるパワーストーンのお店を紹介されました。

当時はパワーストーンには一切興味がなかったのですが、なぜかその日は行かなくてはならない気がして（筋トレ後で体が悲鳴を上げていたのですが足を引きずりながら）、今も溝口にあるお店に行ったのをまるで昨日のことのように覚えています。

石のお店の店主miyukiさんは、特に何も言わずにこちらが石を選ぶのをじっと待ってくださる懐の深い方で、私と友人がはじめてのパワーストーンを選ぶのを仏様ばりのアルカイックスマイルを浮かべて見てくださっていました。

私が自分で初めて自分用に見立てたパワーストーンはそのお店で買ったもの。

そして、その時の石との出会いはあまりに強烈だったので生涯忘れることはないでしょう。

店内に何百とある石の中からある石を見つけるや否や、その石と目があって一時たりとも視線を離せなくなったのです。

その私と視線があった石とは「オレンジブラウンキャッツアイルチル」という石。

石の世界のエースともいえるルチルクォーツの一種で当時の私にはとても高価でしたが、"買わない"という選択肢はなく、気づけばブレスレットを1本作っていました。

この石が私にぴったりで本当に効果があったことから、それからは石の世界にどっぷり！

なんどもお店に通い、石の味見を繰り返し、石のもつ不思議な世界観に魅了されていきました。ただ、しばらくは自分用にしか石を買ったりつくったりしていませんでしたが、この石愛というのはどうにもダダ漏れていくようで…。

いつしか"プロローグ"でもお伝えしたように、星の羅針盤と共に石も処方するようになって、また、石だけでオーダーをくださる方々や家族の分もと石だけの処方も増えていったというわけです。


生まれも石の町、暮らしたのも石の町、導かれるようにして作ることになったのも天然石のアクセサリ…と、このように過去を紐解いてみれば、星よりもおそらくは石の世界の方が幼少期から影響を受けていたような気がしないでもありません。

実際、オレンジブラウンキャッツアイルチルを持つはるか以前から、例えば"困難に負けない底力"とか"海外生活でもへこたれなかった心"とか、そういった意味で、きっと石たちからはずっと助けられていたのだなとか、私は石とはそうとうリンケージが深い生まれなのだろうなとか、この本を書きながら、改めてそう感じています。

＊　＊　＊

私と石の馴れ初めや石物語は以上となりますが、きっと読者の皆様も石とのエピソードや石にまつわる思い出といったものがおありになるかと思います。

形見としていただいたものやプレゼントとしてもらったもの、成人の記念に贈られたジュエリー等、きっと人の数だけ出会いにまつわる小噺や思い出話があるのが石というものの特徴ではないでしょうか。石とはその硬さと反比例するかのように、石にまつわるエピソードとはそういったエモーショナルでロマンに満ちたもののはず。そのため、この本では極力〝石の鉱物的な特徴〟を載せず、石そのものの個性や波動といったものから読み解ける〝目に見えないもの〟を表現することに注力しました。

石は人のようにしゃべれませんし、犬や猫のように鳴くこともできません。また、植物のように枯れることもないので、石を正しく、最低限な用法で使えているかどうかなど、人には知りようがありません。勿論、石の波動に敏感な人もいらっしゃるとは思いますが、やはり、今は石の世界もまだまだ黎明期であるため、まずは世界観を共有する等〝繋ぐ役目〟が必要なのではと思い、石と人、二つの世界の架け橋となるようなものを書かせていただいた次第です。

とはいえ、この本が万人にとって繋ぎ役として正しく機能しているかどうかはわかりません。

ただ、この本に書いてあることをご覧いただいて、あぁ、こんなふうに石は使えばいいのかな、とか、石に触れるときはこういう風にすればいいのだな、とか、また、あの石には前から惹かれていたけれど、なるほど、自分のこういう特性があの石とのご縁の理由なのだな、等と、読者の皆様の中になんらかの気づきが起きたり、石を選ぶことが楽しくなったりしたのであれば、これほど著者冥利に尽きることはないと思っています。

最後に、私は香川県の出身で、出生地の近くには世界的アーティスト・彫刻家イサムノグチの庭園美術館があったり、この地方が庵治石という最高級の花崗岩が採れる産地であることは前述した通りですが、今回、石のアートワークをお願いしたHiromi Iuchiさんも実は同町出身のアーティストです。

HiromiさんはNYC、英国等でも筆を握りご活躍されている方ですが、ロンドンでも高松でも東京でも人生の節々でお会いし、お茶したり、食事したり、また、個展等にお招きいただいたりする、古くからの友人でもあります。

そんな〝同郷出身〟のHiromiさんに〝石の本〟の表紙、個々の石のアートワークを担当することを快諾いただけたことによって、石の町出身の二人が石の本に携わり、この石の本が名実ともに〝石石しい〟本になったこと、また、石のバイブスのかたまりといえるものとなったこと、また長年の夢であったコラボレーションがかなったことを嬉しく思います。

本当にタイトなスケジュールの中、70枚を超えるアートワークを仕上げてくださり、心から感謝申し上げます。

この素晴らしいアートワークが加わったことで、この本に華が生まれました。Hiromiさんのもつファンタジックなテイストを加味してくださったことで、石の魅力が一層際立ったと思います。こうしてこの本の完成度をグンと高めてくださり、私は勿論ですが、石等も喜んでいるはずです。

そして、この本を出版する機会を下さり、想像のはるか上をいくスピードで編集作業を進めてくださった担当編集の長田様、そしてこの本の制作に関わってくださった全ての方々と常に傍で私を支えて続けてくれた石たちへ、心よりの謝辞を述べて締め括りたいと思います。

2022年10月吉日
yuji

運命《うんめい》を変《か》える「石《いし》」の処方箋《しょほうせん》

2022年10月27日　初版発行

著者／yuji《ゆーじ》

発行者／青柳 昌行

発行／株式会社KADOKAWA
〒102-8177　東京都千代田区富士見2-13-3
電話 0570-002-301（ナビダイヤル）

印刷所／凸版印刷株式会社

●お問い合わせ
https://www.kadokawa.co.jp/（「お問い合わせ」へお進みください）
※内容によっては、お答えできない場合があります。
※サポートは日本国内のみとさせていただきます。
※Japanese text only

定価はカバーに表示してあります。

ISBN 978-4-04-605938-3　C0044